T0018316

Contemporánea

Elena Poniatowska, conocida también como la Princesa Roja por sus ideales y su ascendencia aristócrata, es una periodista, escritora y activista mexicana distinguida con diversos premios literarios y periodísticos, como el Nacional de Periodismo, el Nacional de Ciencias y Artes, el Rómulo Gallegos, el Premio Cervantes, máximo galardón de las letras iberoamericanas; el Premio Mary Moors Cabot de periodismo en la Universidad de Columbia; la Legión de Honor del Gobierno de Francia; el Premio Gabriela Mistral en Chile, entre otros. También ha recibido el doctorado *Honoris Causa* de varias universidades como la UNAM y la UAM.

Sus pesquisas periodísticas giran en torno a cuestiones sociales y a la reivindicación de la mujer mexicana, con entrevistas a personalidades de la cultura y la vida cotidiana. Es especialista en literatura testimonial. Ha colaborado en *Excélsior*, *Novedades*, *La Jornada* y muchas otras publicaciones nacionales e internacionales. Sus libros más afamados son *Tinísima*, *Hasta no verte Jesús mío*, *La noche de Tlatelolco* y el libro de cuentos *De noche vienes*. En 2001 se convirtió en la primera mexicana en recibir el Premio Alfaguara de Novela por *La piel del cielo*.

Elena Poniatowska

La herida de Paulina

DEBOLS!LLO

El papel utilizado para la impresión de este libro ha sido fabricado a partir de madera
procedente de bosques y plantaciones gestionadas con los más altos estándares ambientales,
garantizando una explotación de los recursos sostenible con el medio ambiente y beneficiosa para las personas.

La herida de Paulina

Primera edición en Debolsillo: noviembre, 2022

D. R. © 2007, Elena Poniatowska
c/o Schavelzon Graham Agencia Literaria
www.schavelzongraham.com

D. R. © 2022, derechos de edición mundiales en lengua castellana:
Penguin Random House Grupo Editorial, S. A. de C. V.
Blvd. Miguel de Cervantes Saavedra núm. 301, 1er piso,
colonia Granada, alcaldía Miguel Hidalgo, C. P. 11520,
Ciudad de México

penguinlibros.com

Diseño e ilustración de portada: Penguin Random House / Paola García Moreno
Fotografía de la autora: © Áurea H. Alanís

ISBN: 978-607-382-178-0

Impreso en México – *Printed in Mexico*

Para quien lo quiera leer

Escribí *La herida de Paulina* no sólo porque me lo pidieron Marta Lamas e Isabel Vericat, sino porque es indignante que en un estado donde el aborto por violación es legal, éste le haya sido negado a una niña de trece años. Médicos y asociaciones religiosas se salieron con la suya en aras de una abstracción.

¿Cómo se atreven grupos religiosos a intervenir en la vida de los demás? ¿Cómo pueden juzgar qué es lo mejor para Paulina? ¿No debería la niña estar en la escuela, platicar con sus amigos, comerse un helado, pensar en el futuro? La Iglesia católica que está detrás de Provida considera que tiene la verdad revelada. "Ésta es la palabra de Dios".

A propósito de una campaña en Francia defendiendo la vida ante todo, la psicoanalista francesa católica Françoise Dolto declaró que para que tuviera validez, "el Estado tiene que responsabilizarse de la manutención de los hijos no deseados".

Al igual que muchas feministas, no estoy a favor del aborto. Al igual que muchas Católicas por el Derecho a Decidir, también fui una niña de convento de monjas que durante siete años comulgó diariamente. La Iglesia tiene dogmas de fe y los acepté sin chistar. Fui hija de María y creí a pie juntillas que, por haber ganado la medalla, la Virgen vendría por mí a la hora final para llevarme al cielo colgada de su efigie. Al regreso del convento del Sagrado Corazón en Estados Unidos enseñé catecismo (ligada siempre a la parroquia francesa), fui jefa "scout", hice campamentos en Soria, cerca de Atlixco, en Tlamacas y en Cuernavaca. La noche en torno a la fogata fue el preludio de otras exaltaciones, canté a la alegría en una ronda de inocentes (e incautos), busqué el tesoro y leí a los grandes católicos: Bernanos, Maritain, Psichari, Mauriac, Claudel, Gabriel Marcel,

Péguy —naturalmente St. Exupéry, que habría de desaparecer en su avión en 1944. Aunque el catolicismo es una parte entrañable de mi cultura, a los diecinueve años descubrí que también dentro de la Iglesia puede haber disidencia, y el contacto con los sacerdotes obreros, el abate Pierre, los misioneros, el órgano melódico del doctor Schweitzer en África me hicieron ver que la infabilidad no era tal y que hablar ex cátedra no sólo es un acto de soberbia sino, en muchos casos, de ignorancia.

En los cincuenta, ni mi hermana ni yo tuvimos información acerca de esa cosa llamada cuerpo. Alguna vez le pregunté a mamá por mi nacimiento y me dijo que ella se había ido de cacería. Por lo tanto nunca he podido hacerme una carta astral: no tengo hora, sólo día. Desde Acapulco, en su noche de bodas, Kitzia, mi hermana, llamó para preguntar si ya estaba embarazada. El doctor Kinsey habría celebrado nuestra erudición sexual.

Si me hice periodista es porque sólo he tenido preguntas, nunca certezas. De lo que sí estoy segura es de mis intenciones. Siempre me han atemorizado los juicios devastadores, los que descalifican, los que condenan, los irascibles, los defensores de verdades absolutas o los que se atreven a ir en contra de la integridad de los demás.

Muy pronto descubrí a las minorías y me identifiqué con ellas. Son mi legión. Los que creí más cerca, los que para mí eran el reflejo del amor de Dios, me sentenciaron y de haberlo podido habrían vulnerado mi tímido proyecto de vida.

A través de los años me di cuenta de que aunque el Papa prohíbe los anticonceptivos, las católicas los usan. Acuden al confesionario y vuelven a usarlos. Las más conscientes se atormentan y supongo que viven con el alma dividida. Seguramente en la intimidad de muchas mujeres, allá en lo oscuro, en lo más hondo, allí donde los pensamientos duelen mucho, hay un aborto. Dentro de mí lo hay.

La interrupción del embarazo es parte de la libre decisión de las mujeres. Mi evolución ha sido lentísima y podría decir, como los campesinos de Rulfo, que soy de chispa retardada. Viví el pecado, la zozobra, la confusión (ésa todavía me acompaña).

La culpabilidad es la mejor arma de tortura, dijo Rosario Castellanos. Recuerdo que en los cincuenta, al cruzar la avenida Baja California con Martha Bórquez, quien me instaba a ir a un Congreso de la Paz en Viena, le pregunté:

"Pero, ¿tú eres comunista?".

Ante la confirmación, me eché a temblar. ¿Qué estaba yo haciendo? Ahora sí caminaba al borde del abismo. ¡Ojalá y nos machucaran a las dos en ese mismo instante! Naturalmente fui al Congreso de la Paz en Viena y comprobé que sus promotoras eran más rojas que los geranios de la calle de La Morena y algo peor, se proclamaban ateas.

Al lado de Guillermo Haro descubrí que la ciencia no tiene las certezas de la Iglesia, es más humilde y parte de verdades mucho más fragmentarias. Como nunca tuve una verdad total que me diera la explicación del universo, me resultó más difícil entender la posición de poder de la Iglesia. ¿Cómo se puede vivir con principios éticos sin tener principios religiosos? La ética laica de Guillermo Haro me dio una respuesta.

Reconocí a lo largo del tiempo que son muchos caminos y no hay una sola verdad, mucho menos dogmas de fe. Claro que resultó arduo comprobarlo. La alianza con los hijos, la fe en los libros, la naturaleza, fueron mis refugios. Hoy veo a Dios en la pantalla de la computadora, en el café con leche matutino, en la capacidad de entrega de Mane, en los ojos de mis nietos, en los de mi madre, en las críticas de mis amigas y en mis amigas las críticas, y en Gazpacho, mi gato pedorro.

Paulina entró a mis días sin pedirlo ella, ni quererlo yo. Me asombró su capacidad de denuncia y su fuerza de niña de catorce años. Me hizo pensar en lo inútil de esta falla endémica que padecemos las mujeres al no protestar. Es nuestra ira la que nos salva y sin embargo nos resulta casi imposible sacarla y darle coherencia.

La joven poetisa de veinticinco años, Marlene Gómez, "con su cuerpo de fusil y caña", espera que este libro despierte la conciencia de hombres y mujeres, y se atrevan como Paulina a cambiar una sociedad patriarcal que las menosprecia y decide por ellas. Marlene dice: "Son los tiempos de tirano". Sin embargo, las tiranías persisten mientras la indignación se calla. He aquí la indignación de Paulina hecha papel. He aquí el apoyo de mujeres y hombres y agrupaciones sociales contra el ultraje a la hermanita menor.

Junio de 2007

María Elena Jacinto Raúz, la madre, nunca pronuncia la palabra violación. Lo llama "eso".

Yanet, hermana mayor, testigo, ya que en su casa se perpetró el atentado, tampoco lo nombra, al igual que su madre dice "eso". Humberto Carrasco, el hijo mayor en quien se apoya María Elena, habla de "eso" o de "la grosería".

Yanet, Paulina y María Elena se parecen. Son mujeres morenas, fuertes, de brazos, pechos y vientres anchos dispuestos a la maternidad. Tienen rostros llenos pero el de Yanet expresa sufrimiento. La vida la ha calado y dejó pequeños relámpagos de dolor en sus ojos, en su frente, en la comisura de sus labios. Aunque María Elena es la mayor puesto que es la madre, Yanet casi la alcanza, seguro porque ha vivido mucho. María Elena escucha el relato de Yanet sin mirarla.

"Eso"

—El sábado 31 de julio de 1999 a las tres y media de la mañana, nos acostamos mis dos hijos de uno y seis años en la misma cama; aquí están, mírelos, ése es, el del pañal, el otro por allí anda. Mi hermana menor Paulina se vino con nosotros porque hacía mucho calor y yo tengo un "cooler" muy ruidoso, pero de algo sirve —cuenta Yanet llorosa—. Dormíamos todos en la misma cama y desperté con el filo de una navaja en el cuello. "Levántense, hijas de su pinche madre". El ladrón tenía la cara tapada con una mascada oscura. Buscaba qué robar dentro de la vivienda. A mí y a mis hijos nos amarró bocabajo en la cama, a Paulina de trece años, la levantó de una patada y la picó con su navaja diciéndole muchas groserías. Tomás, mi hijo, lo vio.

"Voy a matar a los chamaquitos". A Paulina la violó en la misma cama donde nos tenía amarrados. "¿Dónde está el dinero, hija de la chingada?", gritó. Se lo tuve que decir. Rompió la chapa del ropero, lo encontró, nos robó un celular Motorola y mil pesos en efectivo. Y se fue. "Pude soltarme y desamarrar a mis hijos. Aterrada, miré a Paulina, estaba como muerta, toda ensangrentada. Lloramos mucho".

Todavía hoy, Yanet llora y Paulina limpia con la palma de la mano las lágrimas que resbalan por sus mejillas. Ese gesto la vuelve niña. Los niños se limpian las lágrimas como ella.

Mamá, me violó ese hombre

—Apenas íbamos a hacer un año en Mexicali, faltaban nueve días —cuenta María Elena, la madre cuyos rasgos de expresión son fuertes y determinados— cuando le pasó "eso" a Paulina. ¡Y ahora sí que a enfrentar todo lo que venía! Cuando vi cómo estaba mi hija, me desesperé y pensé que a ese hombre lo podría yo despedazar, hacerle lo peor. Encontré a Paulina con las piernas sucias de sangre: "Mamá, me violó ese hombre".

"—¿Cómo? —le dije.

"—Sí —me dijo.

"Ora sí que como es una niña, la desgració. Salí a la calle, corrí, busqué, pasó un taxi y le pedí auxilio: 'Oiga, usted trae radio, pida ayuda', le rogué, 'háblele a la policía'. 'Sí', respondió. Vi que despegó el radio pero no sabría decir si llamó o no, llevaba un pasaje, arrancó en seguida y ya no supe más.

"Por más que les grité a mis vecinos, nadie, nadie salió. Cuando llegó Humberto, se encargó de ir a traer a las autoridades. Tuvimos mucha ayuda de la policía porque cada que agarraban a un ladrón, nos avisaban y en el transcurso del mes, apañaron a un violador.

"'La autoridad' llamó a las víctimas Paulina y Yanet para que identificaran al violador Julio César Cedeño Márquez, apodado el Cuervo. Su ficha policíaca data del 24 de abril de 1986 y cuenta con cuarenta encarcelamientos. Es de religión católica y adicto a la heroína. En enero de 1991 fue detenido tres veces, el 10 de enero por agresión, intoxicado con heroína, el 14 por asalto y golpes, y el 25 por riña en el bar Azteca.

"A raíz de 'eso', nos cambiamos con mi hijo Humberto —explica María Elena—: 'Vénganse para acá, yo las cuido'. No ha dejado de hacerlo. Mi esposo es pescador y se la pasa en el mar.

—Yo tenía mucho miedo y mucho frío. No quería dormir sola —cuenta Paulina—. Desde que me pasó "eso" siento que alguien me sigue y se va a meter a la casa. No se me quita la impresión, tanto que me pongo a temblar. No puedo comer. Antes no era llorona, ahora aunque no quiera, se me salen solitas las lágrimas.

"Nos pidieron a Yanet y a mí que fuéramos a reconocer al hombre. Él no nos vio. Lo tenían detrás de un cristal. El judicial le dijo: 'Tú mataste a no sé quién'. 'No, yo no fui'. 'Sí, tú fuiste'. Era para que hablara y reconociéramos su voz. Todas las groserías que nos dijo las recordamos en ese momento y Yanet y yo nos soltamos llorando.

—¿Ya lo identificaron totalmente? —preguntó el judicial.

—Sí, ése es.

—Yanet fue la que lo miró más porque ya se había quitado el pañuelo de la cara —dice Paulina.

—¿Ése fue el hombre que entró a robar?

—Sí, ése fue.

—¿Y luego se aprovechó cuando vio a la niña dormida?

—Sí. Le preguntó que cuántos años tenía y ella respondió que diez: "Pues no pareces de diez, pareces de más". Le rogué: "Agarra y llévate todo lo que quieras pero déjanos". "Cállate, puta, cállate porque te voy a matar delante de tus hijos". Mi niña se quedó quietecita, quietecita pero escuchó todo. El hombre rompió una sábana y me amarró los pies, me puso bocabajo, me jaló los brazos por detrás, los amarró y me tapó la boca.

"Ya le hizo 'eso' a mi hermana y empezó otra vez, se salía y entraba, se salía y entraba. Creí que él ya se había ido, pero no, volvía a entrar y nos amenazaba: 'No quiero que me hagan escándalo, putas jijas de su mal dormir, porque van a ver, voy a venir y las mato'. Volvió a gritar: 'Orita las voy a matar y nadie se va a dar cuenta hasta que ya apesten'. Y se salió. Fue como a las tres de la mañana y dilató como la hora o más.

—Yo me enteré casi de inmediato —interviene María Elena— porque nosotros tenemos que ir al baño a casa de Yanet.

—Después Humberto y mi mamá buscaron al mal hombre y ya no se vio nada de él —apunta Yanet.

—Lleva a Paulina a ver a la doctora Sandra Montoya —aconsejó Humberto—. Tiene un dispensario. "A los quince días, el 19 de agosto de 1999, acompañé a Paulina con la doctora porque no le bajó su menstruación —recuerda María Elena—. "Su hija está embarazada", me anunció la doctora. A mí me dio reteharto coraje. "Bueno, yo puedo hacer el legrado pero necesito la autorización del Ministerio Público", añadió. Inmediatamente nos movimos Humberto, Paulina y yo.

La orden del Ministerio Público

El 3 de septiembre de 1999, la agente del Ministerio Público acordó: "Gírese oficio al director del Hospital General de Mexicali a efecto de que sirva designar elementos a su digno cargo, a efecto de que le sea practicada prueba de embarazo a la menor Paulina del Carmen Ramírez Jacinto, en virtud de haber sido víctima de violación. Lo anterior con fundamento en lo dispuesto en los numerales 20 fracción segunda del código adjetivo a la materia 3 inciso A fracción IV y V de la Ley Orgánica de la Procuraduría General de Justicia… así lo acordó y firma la suscrita Agente del Ministerio Público Especializado en Delitos Sexuales y Violencia Intrafamiliar, licenciada Norma Alicia Velásquez Carmona, que actúa ante su Secretaría de Acuerdos que autoriza y da fe y razón en Mexicali, Baja California a los tres días del mes de septiembre de 1999, el personal que actúa, da razón que se dio debido cumplimiento al acuerdo que antecede".

El Ministerio Público le pasó el caso al Hospital General de Mexicali. Y a partir de ese momento se inició el calvario de la familia.

"Desde Salina Cruz, Oaxaca, vine a ver a Yanet porque iba a tener su bebé, que hace poco cumplió un año. Humberto y Yanet, los dos mayores, llevan diez años en Mexicali. Yanet me aconsejó: 'Mamá, están sufriendo mucho allá, ¿por qué no se vienen para acá? Acá hay mucho trabajo, mis hermanos van a encontrar chamba. Es más, a mi papá, Mazatlán y Ensenada le quedan más cerca'. Mi esposo es pescador en un barco camaronero. Le respondí a Yanet: 'Voy a hablar con él'. Igual me insistió mi hijo Humberto. Al regreso, le conté a Tomás, mi esposo: 'Fíjate que me platicaron los chamacos que allá hay trabajo, ¿por qué no nos vamos?' Estuve duro y dale hasta que se cansó: 'Bueno, vámonos para allá'. Le dieron un préstamo y nos vinimos en camión en agosto, salimos el 5 y llegamos el 8. Vivimos primero con una tía que nos prestó un cachito, en la Luis Donaldo Colosio. Como en Salina Cruz también hace mucha calor, la de Mexicali no nos asustó, somos buenos para aguantarla".

La familia Ramírez Jacinto, compuesta de ocho miembros de marcados rasgos indígenas, vino de Oaxaca hace un año en busca de una vida mejor y se instaló en una de las múltiples colonias pobres de Mexicali. Antes habían emigrado los dos mayores, Humberto y Yanet, ambos casados.

Humberto es réferi y Yanet acude a una maquiladora, pero el suyo es un trabajo aleatorio, a veces hay chamba y a veces no. Ahora labora de lunes a viernes y le toca embobinar aritos, es decir, enredarles una tirita de metal para el tablero del sistema eléctrico de los aviones; la suya es una tarea de ensamblado. Lupita también está en la maquila, así como Tomás, que enlata alimentos. Leonardo es pescador, igual que su papá.

En las maquiladoras, los patrones prefieren al sexo femenino y la maquila engulle a las mujeres como carne molida porque son más dóciles y digeribles. Nunca protestan. En 1982, por ejemplo, las obreras se pusieron felices porque un fin de semana les ofrecieron un día más de descanso. Cuando regresaron a su trabajo el dueño estadounidense, el jefe de personal y el administrador se habían esfumado llevándose el equipo para maquilar piezas electrónicas. Setenta y cinco mujeres y ocho hombres se quedaron sin trabajo, sin indemnización y sin el salario correspondiente a una semana y cuatro días. En innumerables ocasiones, las maquiladoras desaparecen de la noche a la mañana, sobre todo cuando los trabajadores intentan organizarse. Yanet gana trescientos pesos semanales porque sólo labora tres jornadas intensivas, que ahora llevan el nombre de "trabajo compacto". Su físico gastado por las maternidades y su llanto al hablar de su hermana, conmueven.

Como me lo hizo notar la abogada Socorro Maya, toda la familia compra chanclas. Se van turnando los buenos zapatos de acuerdo con los compromisos, sin importar si les quedan flojos o apretados. A la escuela, Paulina lleva zapatos negros.

Los servicios de la colonia Luis Donaldo Colosio son muy caros, a pesar de que las calles no están pavimentadas. El calor todo lo fermenta y hasta el polvo parece freírse al sol. La atmósfera es grasienta y sudorosa y hierven las partes de coche que sirven de puerta o de pared. Estamos sobre un comal ardiente como aquel en el que antes bailaban a los perritos cirqueros.

Paulina, fuerte y lozana (parece mayor que sus catorce años), iba bien en la escuela y se había adaptado a su nueva vida. En Salina Cruz bailaba en la escuela vestida de tehuana y comía chiles rellenos de picadillo. El padre de familia, Tomás, desaparecía semanas enteras porque el mar les exige mucho a sus pescadores y los obliga a pasar largas temporadas fuera de casa.

¡Mexicali, ay Mexicali!

Si en 1969 Mexicali tenía doscientos mil habitantes, ahora tiene un millón quinientos mil, sin contar con el Valle de Mexicali y la población flotante. Es fácil, por lo tanto, que llegue a los dos millones. Cuando Lázaro Cárdenas rescató las tierras y se las entregó a los campesinos, el beneficio resultó enorme, porque se encontraron con un valle muy fértil, un clima propicio para el algodón (todavía se habla del algodón de fibra larga), y se fueron para arriba hasta que los estadounidenses salaron el valle con la sal del río Colorado. Entonces el valle se vino para abajo. Las telas sintéticas también contribuyeron a que se redujera la demanda de algodón y ahora Mexicali ya no es la tierra fértil que atraía a los campesinos pobres de otras partes del país, sino un conglomerado de maquiladoras que emplean a mujeres jóvenes a quienes se les exige habilidad y constancia en vez de una alta escolaridad.

En la revista *Ahí* de 1985, una fábrica puso el siguiente anuncio:

COMPAÑÍA IMPORTANTE SOLICITA
DIEZ MADRES SOLTERAS PARA SU
DEPTO. DE PRODUCCIÓN

Requisitos:
Primaria o Secundaria
Buena presentación

Interesadas acudir a Calle "G" No. 1897
Esq. Curtidora, de 9 a 1 y de 4 a 7.
Entrevistas con Sr. Valenzuela.

Se hicieron obras viales en beneficio de las maquiladoras para que las muchachas llegaran puntuales al llamado cordón industrial. De un lado están sus miserables viviendas, del otro, el Mexicali del siglo XXI, el pujante, el que se publicita en la televisión. Calexico —que para los estadounidenses es un pueblito mugriento—, para los indocumentados es el cielo, aunque en las ciudades fronterizas, miles de motores rujan calientes en espera de cruzar a Estados Unidos. Supongo que desde arriba el espectáculo de estas perversas víboras de metal, arrastrándose una tras otra, dispuestas a todo con tal de entrar, debe causar una impresión menor a la del hallazgo de indocumentados asfixiados en un vagón de tren o deshidratados dentro de un camión tipo "Torton" donde esperaban cruzar con otros cuarenta y siete en un espacio de cuatro metros cuadrados escondidos bajo una lona. Los que no mueren a mitad del río Bravo, reciben un balazo al llegar a Brownsville o se desangran en Texas cuando al ir a pedir agua, el ranchero Sam Blakewood les dispara dos veces a corta distancia con su .357 Magnum, como le sucedió a Eusebio de Haro, el miércoles 17 de mayo de 2000.

Sé que en todas las migraciones hay un elemento de catástrofe y que la mexicana es una prueba de la debilidad de nuestra economía. Once millones de mexicanos emigran porque la patria, esa señora vestida de blanco que alza la bandera tricolor en los libros de texto, no puede alimentarlos.

GET OUT, GO AWAY

Aunque Tijuana se llama a sí misma la ciudad más visitada del mundo y tiene el mayor nivel de ingresos, de educación y de empleos del país (o uno de los más altos y casi todos los tijuanenses llegan a conducir su propio automóvil), prefiero Mexicali, su desierto y su cordialidad. Además Mexicali no cuenta con un galgódromo, ni con Carlos Hank Rhon, lo cual es un alivio, y tampoco se ve a la patrulla fronteriza amenazar a todas horas a los indocumentados que esperan tirados en el suelo a que caiga la noche sobre el Cañón Zapata, para jugarse la vida, porque la *Border Patrol* arresta a más de medio millón de hombres y mujeres cada año a lo largo de una de las fronteras más extensas del mundo entre dos países: 3 234 kilómetros, del océano Pacífico al golfo de México.

Al año emigran a Estados Unidos once millones de jornaleros. Tras de ellos dejan pueblos fantasmas. Si los republicanos, al perder la guerra de España, aventaban al pozo la llave de su casa para partir hacia la frontera con sus pobres enseres, los mexicanos dejan la puerta abierta y lo abandonan todo, al fin qué más da. A veces se quedan los viejos, a veces ni ellos. O se van secando como el campo. En California y en Texas se ha triplicado la población de "hispanics". La frontera es una inmensa herida que no tiene curación. Cada año crece en 150 000 el número de mexicanos en Estados Unidos. Angélica Enciso y Guadalupe Ríos, de *La Jornada*, afirman que tan sólo en el tramo correspondiente a Tamaulipas, de 1993 a junio de 2000 han muerto 872 personas. Helicópteros artillados y lentes infrarrojos ayudan a la *Border Patrol* a detectar migrantes por el calor de sus cuerpos.

Si el gobierno de México invirtiera en generar empleos y fomentara mejores condiciones en el campo, arraigaría a los campesinos. Algunos pueblos se vacían sólo seis meses al año porque los migrantes regresan, pero la mayoría sólo viene para la fiesta de los santos patrones o la Navidad y después de un tiempo dejan de venir.

—Ahora soy de los "Esteits".

En 1996, Julio César Castillo Godínez, de diecinueve años, se internó con cinco compañeros, que se conocieron por primera vez, en el desierto de Arizona: "Contábamos con comida y litro y medio de agua cada uno. Hacía un calor horrible. Cuando el agua se nos terminó, nos bebimos nuestros propios orines y cinco compañeros se dejaron caer en la arena del desierto, los animé a continuar. Respondieron: 'No podemos… vamos a morir… lo único que te pedimos es que avises'".

Ya en la caseta de retención, Castillo Godínez, el único sobreviviente, envió un mensaje a los indocumentados: "No crucen, no lo hagan por favor". En el camino encontró cadáveres mutilados por los coyotes.

Otro mexicano, Ricardo Javier Mercado Martínez, de veintidós años, cuenta que el cansancio y la falta de agua le hicieron perder la cabeza después de dos días y medio: "Yo no sabía si regresaba o avanzaba". A él lo salvó un helicóptero de la migra que descendió a recogerlo y lo condujo a un centro de retención en el que fue empujado e insultado. Luego de registrarlo, lo subieron a un autobús para conducirlo a la frontera de Calexico con Mexicali, donde lo deportaron.

Tragedias como éstas abundan en la frontera. ¡Qué mal trato recibirán los pobres en México al estar dispuestos a aguantar todos los abusos no sólo de la autoridad sino de "polleros", "pateras" y "coyotes", las infinitas humillaciones, las vejaciones físicas y morales, todo el racismo, el fascismo, el fanatismo segregacionista, el antimexicanismo oficial en Estados Unidos! Afrontan hasta el peligro de muerte con tal de cambiar de vida.

Jorge Bustamante, del Colegio de la Frontera Norte, ha señalado ante comisiones de derechos humanos que a los "wet backs" que sí la hacen, los gringos e incluso los mexicanos les arrojan basura, los atropellan, destruyen sus campamentos, roban sus sueldos y los atacan físicamente.

Dóciles, de trato fácil, delgados, ágiles, pequeños, tanto que hasta parecen adolescentes, los trabajadores mexicanos son fácilmente desechables, según la antropóloga Margarita Nolasco. Mano de obra barata, hacen lo que no quieren hacer ni los gringos más pobres y su propio abandono permite deportarlos cuando se les ha exprimido. A pesar de que viven mal, estas condiciones adversas les son favorables porque los bajos sueldos estadounidenses representan altos ingresos para los mexicanos.

Rolando Cordera escribió en *La Jornada*, el 18 de junio de 2000:

> Sabemos también, como lo saben allá, que la migración ha implicado cambios formidables en la democracia y sociología de Estados Unidos y que su economía, hoy tan pujante y victoriosa, tiene en el trabajo mexicano (y latinoamericano), una fuente importante de dinamismo, por las destrezas que aporta y por los bajos salarios que en general acompañan a los migrantes de hoy.

Mis amigos cachanillas

Siempre me encantó Mexicali por nuevo, por pionero, por su gente luchona y, aunque no lo crean, por su calor, la temperatura ha llegado a 125 grados Farenheit. A diferencia de lo que me habían vaticinado, jamás lo vi como un pueblo plano del oeste. Me emocionó ser testigo en la Universidad de Mexicali del amor de los estudiantes por México. Me convenció el patriotismo inteligente de su rector Luis López Moctezuma. Nunca, en ningún estado de la República, he presenciado una defensa tan ardiente de México como la que hacen los jóvenes en las vilipendiadas ciudades fronterizas. *La Suave Patria* de López Velarde se queda corta al lado del fervor de Mexicali (que tiene su contraparte en Calexico), Tijuana (San Diego, California), Ciudad Juárez (El Paso, Texas), Nogales (Tucson, Arizona), Agua Prieta (Douglas, Arizona), Ciudad Acuña (Del Río, Texas), Ojinaga (Presidio, Texas), Piedras Negras (Eagle Pass, Texas), Nuevo Laredo (Laredo, Texas), Camargo (Río Grande City, donde por primera vez se publicó *Los de abajo*, que Mariano Azuela vendió en cincuenta dólares), Reynosa (McAllen, Texas), Matamoros (Brownsville, Texas) y así, hasta cubrir los 3 234 kilómetros de frontera.

La lluvia casi nunca cae sobre la extensa arena de Mexicali. Mis amigos "cachanillas", así llamados porque al igual que un arbusto cachanilla se agarran a la tierra norteña y no los vence ni el calor, ni el gran valle arenoso, son gente directa y valiente, sin pelos en la lengua y de una lealtad a toda prueba.

Soy feliz en Mexicali, quizá por la presencia de algunos buenos amigos: Guadalupe y Luis López Moctezuma, Rebeca Vizcarra y Hugo Abel Castro Bojórquez, Leticia Maldonado, Maricarmen Rioseco, Blanca Villaseñor, además de la formidable religiosa Noëlle Monteil, a quien todos le decimos "madre", y Nicole Marie Diesbach, autora de varios estudios sobre Mexicali. Los estudiantes universitarios, el paisaje, la cordialidad de la gente, el desierto, que conocí al lado de Guillermo Haro (que, buscando un sitio ideal para su nuevo observatorio, nos hizo subir a Mane y a mí hasta el Pico del Diablo, desde donde se ve el Pacífico y el golfo de Cortés), la chimichanga cachanilla, los dragones en los excelentes restaurantes chinos, todo me pareció mágico y atrayente. Ir a Mexicali resultó siempre un estímulo y una ilusión. Lo único que lamento es que el ingeniero Luis López Moctezuma, que conocí como rector de la Universidad de Mexicali, no sea gobernador del estado, porque además del amor por su tierra, defiende los derechos humanos.

Los chinos, fundadores de Mexicali

A los chinos nunca les ha ido bien en nuestro país, no así en Mexicali. Atraídos por el auge de California, intentaron llegar a Estados Unidos y como fueron expulsados, cruzaron la frontera por Sonora y Baja California, aunque también en México se daría un clima perversamente antagónico debido a la envidia de su disciplina laboral, su cultivo del arroz y su pericia en la elaboración de calzado. En 1910 había en México 13 203 chinos. En Torreón, 303 fueron brutalmente asesinados en 1911, pero a pesar de nuestras actitudes racistas y xenofóbicas los chinos siguieron llegando.

Lo más típico de Mexicali es el barrio chino llamado La Chinesca, que al principio era un simple callejón (como el de Dolores en la Ciudad de México). Para los mexicanos resultó peligroso andar por los fumaderos de opio, las vecindades "sólo para chinos" y los comercios también "sólo para chinos".

Quizá los más antiguos pobladores de Mexicali sean los chinos, quienes fueron los primeros en creer en la fertilidad de la llanura, que pertenecía a la Colorado Riverland Company. Originarios de Fujian, una provincia de la Costa, colonizaron el valle y construyeron una ciudad que en 1919 tenía quince mil chinos y dos mil mexicanos. Sólo los campesinos de China soportaban sin insolarse el intenso calor del desierto. Los chino-mexicanos se convirtieron en una clase profesional y comercial que todavía hoy es dueña de más de cien restaurantes. La conexión cultural estimuló la inversión asiática.

Otra conexión menos celebrada, descubierta por los investigadores de Estados Unidos y México, según Sebastián Rotella, es que los chino-mexicanos en Baja California actuaban como agentes entre los contrabandistas chinos y los mexicanos.

Los chinos siguen desembarcando en los puertos de Baja California, mucho menos vigilados que los de Estados Unidos. Todavía en 1993, los mexicanos se conmovieron con los 306 chinos hambrientos y deshidratados encontrados en la costa de Ensenada; les llevaron comida y cobijas, y se dispusieron a protegerlos.

En las ciudades fronterizas se escucha desde el "cuac, cuac" del pato Donald hasta el tableteo de las armas de alto poder. De los automóviles apantalladores descienden las "Barbies" aún más rutilantes porque acaban de teñirse el pelo, y los cholos, tras su trinchera de desperdicios, se dan de codazos: "Oye, carnal, ¿tú ya te echaste a una gringa?".

En las ciudades fronterizas, como Mexicali, se confrontan lo peor y lo mejor de los hombres, lo peor y lo mejor de varias culturas. Un flujo de energía y de dólares es lo que las hace tan atractivas para los inmigrantes, que las convierten en sus tierras de promisión. Aquellos que aguantan el clima extremoso, los rigores del frío en invierno y el sol cegador en verano, están dispuestos a pagar el precio del triunfo. Aquellos que no logran pasar del otro lado permanecen en el borde mexicano y resisten azorados y temerosos las secuelas de los misterios de Lomas Taurinas, en ese aciago año de 1994, que según nuestro iluminado Carlos Monsiváis marcó el año en que fue imposible aburrirse en México. Carlos Fuentes declaró también que no era necesario escribir ficción, bastaba con describir primero el asesinato del arzobispo de Guadalajara, Juan Jesús Posadas Ocampo, luego el de Luis Donaldo Colosio, el de José Francisco Ruiz Massieu, el imperio de Carlos Salinas y el enriquecimiento desorbitado de Raúl Salinas de Gortari, el hermano incómodo, para hacer una novela cuya truculencia haría palidecer las tragedias shakesperianas.

Todos estos fenómenos forman parte de la vida del norte del país y a pesar de su cercanía con Tijuana, Mexicali conserva un aire curiosamente provinciano. En cierta forma, se ha mantenido al margen, quizá porque es menos cosmopolita, más recatada. Si el pato Donald y el ratón Miguelito se pasean en todas las camisetas, también la Virgen de Guadalupe protege el dorso de los espaldas mojadas; si los braceros después de cruzar el río Bravo siguen braceando en el aire, los gringos domesticados bailan al ritmo de las caderas de Selena; si se fríen hamburguesas y se hierven perros calientes, también los tacos, las enfrijoladas y el tequila han sido entronizados; si las rockolas avientan a la calle a Los Bukis y a Los Tucanes de Tijuana, "Amorcito corazón" se compadece por aquellos que después de cruzar el río les urge un trabajo y son recibidos por los dueños de billares y cantinas con barras de espejos que les anuncian cerveza Bud Light: "Órale, no mamen, si apenas se están secando los pies".

En el año 2000, Mexicali sigue siendo un faro para los mexicanos más desamparados, entre ellos la familia Ramírez Jacinto, que buscó trabajo en el corredor industrial de la frontera.

El Grupo de Información en Reproducción Elegida (GIRE), encabezado por Marta Lamas, se enteró del caso de Paulina por el grupo Alaíde Foppa de Mexicali y la decidida actuación de su presidenta, Silvia Reséndiz Flores, así como la de Rebeca Maltos Garza de DIVERSA, una agrupación política de diecisiete mil mujeres dirigida por Patricia Mercado.

Isabel Vericat, abogada nacida en España que trabaja con GIRE en la Ciudad de México, y su segura servilleta, viajamos a Mexicali el miércoles 29 de marzo de 2000. Alta, guapa, madre de una hija, Berenice, Isabel Vericat (quien también es traductora y conoce profundamente la literatura) es quien toma las decisiones porque lo sabe todo de leyes. Durante el trayecto me habla de cortes, apelaciones, abogados, juicios, trampas, barras, y percibo que es una ganadora, tanto en su oficio como en la vida.

—No vayas a olvidar, Elena, tu maleta en el compartimiento superior.

("¡Híjole ya me cachó!", pienso).

En el aeropuerto nos esperaban la abogada de Paulina, Socorro Maya Quevedo, quien ha llevado el caso espléndidamente, y Liliana Plumeda, joven pasante amiga suya que habrá de llevarnos y traernos con singular pericia.

María del Socorro Maya Quevedo es muy joven; su rostro redondo, bonito, alberga una voz delgadita como de niña. Siempre la vimos acompañada de Liliana Plumeda, quien conducía el automóvil de su mamá, comprado en el otro lado, con placas amarillas, permitidas en Mexicali. Socorro va y viene muy acelerada y se mueve por el mundo con facilidad. El último día que nos vimos se cambió tres veces de ropa, primero unos *blue jeans*, luego un vestido, después una camiseta con estoperoles. A su amiga Liliana, alerta y cálida, no se le va nada de lo que sucede a su alrededor. Inseparables, Liliana y Socorro completan las frases de una y de otra. Socorro sabe lo que hace y lo hace con inteligencia. Obviamente, Liliana admira a la abogada Socorro y se coordinan muy bien las dos para sacar adelante su trabajo.

María del Socorro pertenece a una de las familias pioneras de Mexicali: "Cuando llegaron mis padres no había casas, puras parcelas". Oriundo de Toluca, su padre trajo a su novia a Mexicali porque su futuro suegro y dueño de la panadería se oponía al casamiento de su hija con un empleado. "Empleado sí, yerno no". Como Romeo y Julieta, tuvieron que huir para poder amarse, pero como no tomaron ningún veneno, dieron a luz a diez hijos, y el padre de Socorro, trabajador como pocos, se hizo de su propia panadería, su propia casa, su propio automóvil, su propia cuenta bancaria y fundó con otros amigos, del Distrito Federal, la Cámara de la Industria de la Panificación.

Socorro, al igual que Paulina, proviene de una familia numerosa, seis hombres y cuatro mujeres. Sus padres nunca imaginaron que existía el control de la natalidad y en el momento del alumbramiento del séptimo hijo, la madre solicitó a su cónyuge que la llevara a la clínica:

—Espérate que ahorita voy a entregar todo ese pan —respondió el panadero.

La madre no pudo esperar y nació el retoño. "¿Cómo me llamo? María del Socorro Maya Quevedo, un nombre bien largo, que primero se muere uno y luego me alcanzan a gritar: '¡Socorro!' Nací en 1972. Ya perdí la cuenta de cuántos años tengo litigando pero son más de cinco. Mi familia es de las pioneras de Mexicali y esto me enorgullece.

"¿Cómo llegué al caso Paulina? Silvia Reséndiz, María del Carmen Rioseco y Rebeca Maltos habían presentado la denuncia en contra de médicos y autoridades. Entonces conocí al grupo Alaíde Foppa, fundado el 7 de mayo de 1993, asociación civil feminista de carácter no lucrativo. Antes de esta asociación la ausencia de apoyo a la mujer era notoria. El Alaíde Foppa creó centros de atención integral, grupo y refugios para mujeres víctimas de la violencia. Asimismo, promovió talleres y conferencias en los municipios de Baja California para hablar contra la violencia. Participé en actos públicos que me entusiasmaban.

"Entre tanto, me enteré por el periódico del caso de Paulina: 'El caso de la niña está atorado, no encontramos abogado, nadie quiere llevarlo, ¿quieres tomarlo tú?', me preguntó Silvia. 'Pues yo sí, encantada', le respondí.

"Y así fue como me convertí en la abogada de Paulina.

En *La Voz de la Frontera* apareció la noticia que dio Javier Mejía sobre la detención del director del Hospital General, que yo llamaría una "detencioncita". A Ávila Íñiguez lo detuvieron cuatro horas en sus oficinas, nunca lo trasladaron a los separos.

El Hospital General de Mexicali, enorme y feo, cuya monumentalidad, como la de otros edificios de gobierno, cumple con creces la sentencia de Jorge Ibargüengoitia, quien afirmaba que los mexicanos confundimos lo grandioso con lo grandote. El hospital se traga a la gente, es una auténtica romería, como si la salud fuera una rueda de la fortuna. Aquí van los hígados en sillas voladoras, allá los corazones se infartan en carritos chocones, el martillo es un surtidero de "electroshock". Más allá bailan peronés y metacarpios en la danza frenética del látigo. Sólo los caballitos de feria son inofensivos. Niños, mujeres y ancianos atiborran los pasillos y afuera, como en todos los hospitales de México, esperan los vendedores ambulantes junto a sus puestos de tortas, jugos y refrescos.

No me dieron ni agua: Paulina

—En estos siete días me trataron mal porque me tenían en ayunas y no me daban ni agua. Me metieron donde ponen a todas las mujeres que van a dar a luz. Esperaban subirme "a piso" para darme de comer.

"A las demás sí les daban de comer. Afuera esperaban mi mamá y mi hermano y nunca los dejaron pasar alimentos. '¿Ya le hicieron eso a mi hija? ¿Cómo está?', preguntaba mi mamá. '¿Cómo se llama su hija?', inquirían a su vez. Y así a diario.

—Yo me sentía mal, como si no fuera gente —continúa la madre, María Elena.

"Ella es una niña, no una mujer de edad, y a mí me preguntaban constantemente por qué estaba allí y yo decía: Por 'eso'. Y me respondían: 'No, no le han hecho nada, allí está'.

"Allí me dormía, me llevé mi cobija, me tiré en el piso los siete días, en un pedacito en la sala. No me despegué para nada. Cada tres o cuatro horas preguntaba con mucha discreción por mi hija a las enfermeras, a las recepcionistas. Me respondían a gritos: 'A ver, ¿qué tiene? ¿Por qué está aquí?'.

"Yo buscaba el modo de decirles, ¿verdad?, porque había mucha gente y me daba pena. Y ya metía yo la cabeza en la ventanilla y decía muy bajito: 'Pues mi hija está aquí porque le van a hacer un legrado'.

"Nunca me daban razón y nunca le hicieron nada. En el segundo turno, otra vez lo mismo. Preguntaban quién era yo y por qué estaba allí: '¿Qué quiere?'.

"Y yo otra vez con lo mismo. Nos humillaban. '¿Quién es Paulina del Carmen Ramírez Jacinto?', preguntaba a gritos una enfermera.

"¡Habiendo tanta gente y la enfermera gritando! Humberto y yo sentíamos bien feo. ¿Qué podíamos hacer? ¿Para qué, pues, gritarlo en esa forma?

GASTAMOS SEIS MIL PESOS

"Nos daban largas, me pidieron un medicamento de cuatrocientos pesos para dilatarle la matriz, una inyección que nunca le pusieron. Tampoco se le hizo el ultrasonido. '¿Saben qué? No sirve el aparato. Tienen que hacerse los análisis por fuera. Nosotros no tenemos el equipo'.

—Total —continúa Yanet— gastamos seis mil pesos. De hecho uno de los médicos de allí, uno ya mayor, el doctor Conrado Calderón, ofreció hacer el legrado alegando que si a él le hubiera pasado lo mismo con su hija, la habría atendido, y me pidió otro medicamento. Lo compré y el doctor se esfumó.

Pasó el viernes, el sábado, el domingo, el lunes. Todo el día preguntaba por él, que tiene una operación, que está en una junta, que anda muy ocupado, que no ha salido del quirófano, que ya se retiró. Entraba a las seis de la mañana y salía a las dos. Entre tantas negativas decidí madrugar y atajarlo a las seis en el lugar donde checan tarjeta los médicos. "Pues fíjese, doctor, que ya tengo una semana, ya compré el medicamento". Y se echó para atrás: "Sí, es cierto, mira, la verdad, no lo voy a hacer". Le respondí: "Me lo hubiera dicho desde un principio para no gastar lo que he gastado y tampoco mi hermana se hubiera hospitalizado tanto tiempo". Pasó un doctor junto a él y Calderón me dijo: "Permíteme un momento". Y se fue y me dejó con la palabra en la boca. Le valió. Me enojé, fui al Ministerio Público. Si en ese momento me dicen "aquí está la orden (o la autorización) y con esto su doctora puede hacer el legrado", en ese momento nos vamos con la doctora, pero como nunca me informaron nada, tuve que atenerme al Hospital General. En cambio, a mi hermana la dieron de alta, sólo para que volviera a entrar el día martes. Resulta que tampoco le hicieron nada. El director del Hospital General, Ismael Ávila Íñiguez, nos llamó a la dirección: "Miren, éstos son los riesgos y son muchos". Luego pasó sola mi mamá y salió muy agitada. Nos trataron muy mal y a mí nunca se me va a olvidar.

El doctor Ávila Íñiguez nos hace pasar a Isabel Vericat, a Silvia Reséndiz Flores y a mí a su despacho. De inmediato Isabel lleva la batuta de la entrevista. Lúcida y convincente, Isabel Vericat se crece mientras Ávila Íñiguez, que de entrada no me pareció antipático, se fue desinflando. Joven, nada prepotente (a diferencia de Carlos Alberto Astorga Othón, director de ISESALUD), el doctor Ávila Íñiguez respondió a nuestras preguntas y sin capote enfrentó a Isabel, que lo embistió como toro de Miura.

—Paulina llega aquí con una autorización del Ministerio Público para una interrupción del embarazo por violación. Entonces, como director del Hospital General, mi función consiste así, entre comillas, en dar una orden para que uno de los ginecólogos del hospital la cumpla.

"Aquí nosotros íbamos saliendo de un problema laboral muy serio. Tomé la dirección de este hospital en septiembre, luego de un paro de diez o quince días. El jefe de ginecobstetricia me dijo: 'Consulté a los médicos de servicio y ellos no están dispuestos a realizar el procedimiento'.

—¿Qué razón adujeron?

—Dijeron que son médicos para preservar la vida, no para quitarla. Fue una decisión muy propia del servicio de ginecobstetricia.

—Un objetor de conciencia es todo lo respetable que se merece, pero a nivel institucional siempre tiene que haber médicos dispuestos a cumplir, porque el aborto por violación es legal según el artículo 136 del Código Penal de Baja California. ¿Usted se declaró objetor de conciencia?

—No, en absoluto. Cuando nos pusimos a buscar un poquito de antecedentes, vimos que era la primera vez que había un caso semejante y enfrenté el primer bloqueo de los médicos. Al día siguiente, yo tenía una especie de motín de ginecólogos. Dijeron que se iban a amparar porque ninguna autoridad los obligaba a hacer algo con lo que no estaban de acuerdo y para lo cual no habían sido entrenados. Una respuesta que me exigían los médicos era: "¿Por qué el Hospital General de Mexicali es el que tiene que resolverle estos casos al Ministerio Público? El Ministerio Público tiene presupuesto para atender a sus judiciales en hospitales particulares".

—Pero el derecho de Paulina era totalmente legal.

—Los médicos alegaron: "Si es una situación legal, que lo haga el Ministerio Público. No tiene por qué involucrar al hospital".

—Oiga, doctor, pero es una operación muy fácil, ¿no?

—Aquí en el hospital no tenemos el método de aspiración, lo que hacemos son legrados. El problema es que en este asunto entramos al terreno de las convicciones y lo más difícil es obligar a la gente a hacer algo contra su voluntad. "No, ¿sabes qué?, yo no estoy dispuesto".

"Los médicos sabían que Paulina era menor de edad y que el aborto era por violación. Uno de ellos me dijo: 'Ninguno de nosotros vamos a realizar el procedimiento. Es más, si tú me presionas, yo renuncio'. El doctor Leonardo Garza, jefe de ginecobstetricia, renunció. Esto sucedió durante el primer internamiento de Paulina, el de los ocho días. Ante esta situación, yo le pedí tiempo a la familia: '¿Saben qué? Tengo un problema laboral'.

La niña ya había estado una semana entre los "ahorita y al rato" de los médicos.

—¿Y por qué la tenían en ayuno? ¿Por qué no podía comer?

—La situación del ayuno era para que uno de los médicos que aceptara hacer el procedimiento lo hiciera en cualquier momento. Llamé al doctor Astorga Othón para decirle que los médicos se negaban al legrado: "¿Sabes qué? —me respondió Astorga Othón—, yo voy a hablar con el Ministerio Público porque soy la autoridad de salud en el estado y por mí debió haber llegado esa orden".

Violación de la intimidad de Paulina
en el hospital

—Una anomalía muy fuerte, que rompe con los derechos humanos, es cómo se violó la intimidad de esta niña, doctor. Eso verdaderamente desborda toda previsión. A Paulina la vinieron a visitar, con consentimiento del hospital, dos mujeres de Provida (Provida es parte de Human Life International. Nació en México en 1978 como respuesta a una iniciativa de ley para legalizar el aborto) a decirle que... ¿Con consentimiento de la dirección?

—No, en ningún momento. Desgraciadamente nuestro servicio de seguridad no ejerce control absoluto, sobre todo en el turno vespertino. La verdad es que yo ignoro cómo entraron estas personas.

—Dos mujeres entraron con una pequeña cámara de televisión para enseñarle un video de Provida contra el aborto: "El grito silencioso". Las imágenes no corresponden a las fechas legales de interrupción de la vida; es decir, el feto es mucho mayor, casi un recién nacido, tasajeado y ensangrentado, lo cual lo hace muy impresionante.

Marta Lamas conoce bien estos videos y los considera amarillistas y científicamente equivocados. Muestran abortos realizados cuando el feto tiene ya más de tres meses de vida. Como lo afirma Marta, son videos trucados: "Eclipse de la razón", "El grito silencioso", "Una ventana al seno materno" o "Los primeros días de vida".

Además de los videos, las dos integrantes de Provida, obviamente fundamentalistas, sometieron a Paulina a pruebas primitivas e inhumanas. Le mostraron una hoja blanca en la que se pueden adivinar los rasgos estereotipados de Cristo, una suerte de negativo donde las partes negras aparecen blancas y el contorno también.

Mira, éstas son sus manitas, éstos son sus piecitos

—Dos señoras, una güera y otra de pelo negro como de cuarenta y cinco años, peinadas de salón, entraron hasta donde yo estaba —cuenta Paulina a quien los ojos se le llenan de lágrimas a cada rato—. No me preguntaron ni cómo me sentía, ni si había comido algo, sólo sacaron su camarita, la prendieron, pusieron el video y me dijeron: "Tú, como tienes tres meses de embarazo, si abortas, mira cómo va a quedar el bebé". Me enseñaron un bebé despedazado. "Mira, éstas son sus manitas, éstos son sus piecitos". Decían puras cosas muy feas y yo nomás me les quedaba viendo. Primero me dieron un broche donde venía la Virgen María. Y después una hoja blanca de papel en la que vi unas manchas negras: "Fíjate muy bien en los cuatro puntos en el medio del cuadro, concéntrate hasta que se te queden grabados. Cierra tus ojos, mantenlos así diez segundos y echa la cabeza para atrás. Vas a ver un círculo de luz. No dejes de ver el círculo porque se te va a aparecer Nuestro Señor y te va a hablar".

"Lo hice y sí era cierto. Esas manchas negras formaban a Cristo con sus pelos largos: 'Mira, te vamos a ayudar a la hora del parto con alimentos, medicina y si deseas darlo en adopción, conocemos personas que lo quieren. Hay muchas parejas sin hijos y vamos a buscar a unos con una posición económica buena para que al bebé no le falte nada'.

"—No, no es eso lo que yo quiero. Yo lo que no quiero es estar embarazada.

"—Si así lo deseas te podemos mandar a Tijuana para que no te vean en ese estado.

"—No, yo no quiero ir a Tijuana. Yo quiero ser como antes.

"—Bueno, pues vamos a regresar a hablar a solas contigo.

"Me preguntaron si no amaba a mi hijo y les dije que no era eso, que lo que yo no quería era estar así, con eso adentro. Entonces me dijeron que tenía que conformarme porque era cosa de Dios.

"Cuando vino mi mamá le pedí: 'Mamá, dígale al doctor que no deje pasar a nadie.' '¿Por qué?', me preguntó. 'Porque vinieron unas señoras a enseñarme cosas muy feas y me siento mal'.

—¡Ah, no! —le dijo María Elena— los del hospital no tienen por qué dejar pasar a nadie. Ellos no son quién pa'meterse en la vida de uno.

—¿Cómo supieron las señoras que estabas allí, Paulina? —inquiero.

—Porque se lo dijeron los médicos o a lo mejor el director.

—Pero ¿alguna vez les contaste que tu embarazo fue producto de una violación?

—Pues no, ellas ya iban con toda la información. Además se publicó en *La Voz de la Frontera*. Nosotros nunca hablamos con ningún periodista, es más, no tenemos acceso a ningún periódico, por eso a nosotros nos sorprendió.

"Mientras, en el mismo hospital —continúa Paulina—, nos volvimos como payasos de circo. Los médicos decían que aunque los corrieran, ellos preferían mil veces renunciar que practicar el legrado. Las enfermeras, las recepcionistas nos hacían el feo. Fue entonces cuando el director pasó a mi mamá a su privado y le enumeró todos los riesgos médicos que yo corría. Entonces dijimos que ya no. Mi mamá firmó un papel y nos fuimos para no regresar jamás, porque nunca vamos a volver a ese hospital.

(Paulina representa más edad de la que tiene. Más bien robusta como su madre María Elena, sus mejillas son lisas y brillan sobre su cara redonda. Peinada con cola de caballo, sus ojos son expresivos y risueños a pesar de todo. Su fleco la protege de miradas inquisitivas aunque le sienta estar en el candelero porque ni ella ni su madre se hacen chiquitas. Al contrario, la publicidad las estimula.)

—La madre de la niña contó que usted, doctor Ávila Íñiguez, la puso delante de un pizarrón y le explicó que su hija podía morir o quedar estéril. ¿Eso le dijo usted, verdad, doctor? —pregunta Isabel Vericat.

—Sí, pero creo que esa situación está un poquito manipulada. De hecho, jamás se le mencionó la palabra muerte, sino las complicaciones de una interrupción del embarazo.

Enfundado dentro de su bata blanca, el doctor Ismael Ávila Íñiguez utiliza muchísimo, casi para todo, la palabra "situación".

—¿Pero usted cree de veras que en esta etapa tan temprana de embarazo podría haber riesgos?

—No son tan altos los riesgos, yo creo que madre e hija exageran un poquito. A la madre se le mencionaron los riesgos tal cual existen. Están escritos.

—¿La infertilidad, la perforación de la matriz, la hemorragia, el desangrarse?

—Si ustedes revisan la situación de riesgos en una interrupción de embarazo, ésos son. Ésta es una situación en la que se tienen que poner los puntos sobre las íes. A la madre también le dije que si existía una perforación se le podía resolver, que si existía un sangrado teníamos un banco de sangre, pero que las complicaciones podían surgir (una en diez mil o una en cien mil) pero que ella tenía que firmar para dar la autorización final.

—Usted le dijo que si moría la hija, ella sería la culpable.

—No, eso no es cierto.

—Eso no se le dice a una madre, doctor —se violenta Isabel.

—Nunca se le dijo eso, la situación…

—Eso no se le dice a una madre —repite Isabel.

—Yo no se lo dije.

—María Elena, que defendió el derecho de su hija al aborto hasta con los dientes, sólo retrocedió ante la posibilidad de que su hija muriera.

—La madre creía que la operación podía realizarse sin ningún problema y a la media hora irse a su casa. Yo creo que ni en Estados Unidos, donde las reglas están mucho mejor escritas, permiten una intervención de esta índole sin que la paciente dé su consentimiento por escrito. En México, también los pacientes tienen que darlo y aceptar los riesgos, si bien es cierto que éstos son mínimos.

—¿Por qué entonces se le dice a la madre que existe la posibilidad de que su hija muera?

—Yo no se lo dije.

—Pero, doctor, esta madre y esta hija se mantuvieron firmes durante un mes y veinte días (del 1 al 7 de octubre y luego del 13 al 15), después del horror de una violación y vinieron decididas a que el producto de aquel horror no naciera. En realidad, ellas conocen sus derechos humanos desde las entrañas. Y así los ejercen. Nos dan una lección formidable. Fueron valientes; sólo retrocedió María Elena ante la afirmación de que su hija podía morir y que ella (la madre) sería la culpable.

—Verdaderamente el riesgo que corría la niña era nulo —prosigue airada Isabel Vericat—. Yo he estado presente en procedimientos de interrupción de embarazos con aspiración manual endouterina (AMEU) y a la mujer se le da una pastillita, se acuesta, se le absorbe, descansa un rato y a la media hora está fuera y no le pasó nada. Y se hace con pleno consentimiento de la persona, explicándole lo que va a suceder en su interior y se le da ayuda psicológica. No me diga que este procedimiento tiene comparación con el embarazo y la cesárea a la que va a ser sometida Paulina a los catorce años de edad. Usted, como médico, sabe muy bien que el riesgo es mayor.

—Si vamos de las complicaciones de una cesárea a las de un legrado, a lo mejor van parejo.

—¿Parejo, doctor? Yo tengo testimonios de médicos y pacientes que dicen que la proporción es de veinte a uno. En Francia…

—Lo que pasa es que es diferente leerlo en una revista y trasladar la experiencia de un sistema médico francés al sistema médico de México.

—La AMEU es lo más seguro que hay en Francia, en Suiza, donde sea. No hay otro procedimiento más higiénico y de bajo costo, doctor. Los días que transcurrieron desde que Paulina entró por primera vez, hasta que tuvieron que desistir porque las aterrorizaron con argumentos falsos, fueron un mes y veinte días. Allí hubo todo un trabajo de amedrentamiento, ¿sí? Es obvio que estaban decididas, ¿qué hacían en el hospital si no querían interrumpir el embarazo? Doctor, la escena del pizarrón no está grabada, pero la madre la vivió con usted. Yo no veo por qué usted lo tiene que negar.

—Yo no estoy negando nada, ni la escena del pizarrón. Usted puede manejar la información que le conviene y veo que así lo está haciendo la madre. En el pizarrón le expliqué a la señora el procedimiento del legrado y punto. Esto se hace regularmente con todos los pacientes. En nuestro hospital existe la norma de que si el paciente va a ser intervenido, se le explica lo que va a sucederle. ¿Por qué? Porque finalmente son casos legales. Éste es un hospital de ciento cuarenta camas.

—Y usted ¿aquí recibe casos de complicaciones por abortos clandestinos?

—No.

—¿O sea, si una mujer se viene desangrando usted no la recibe?

—Ah, no, eso sí, pero no determinamos si es un aborto clandestino.

—Bueno, pero ¿ustedes reciben mujeres con hemorragias provocadas por un aborto inducido?

—Aquí se hacen bastantes legrados al mes.

—¿No se denuncian?

—A la persona que viene en una situación de este tipo se le interroga para ver si fue encaminada a esa situación por un aborto clandestino.

—¿Y la mujer les cuenta la historia que quiere contarles?

—Así es, básicamente.

—Sin embargo, con Paulina y su mamá no hicieron lo mismo porque a ustedes les tocaba hacer la interrupción. Por eso, a ellas las aterrorizaron y la madre se echó para atrás y les dijo: "Ojala y esto nunca les pase a ustedes. Si querían meterme miedo ya me lo metieron". Usted le hizo pensar que ella sería la culpable de la muerte de su hija.

—¿La posibilidad de morirse? Jamás mencioné esa palabra. La familia desistió.

—¡Vaya manera de solucionar la historia tienen ustedes! O sea, toda la lucha de la familia no existió. Se la pusieron muy difícil y la hicieron pasar un mes y veinte días esperando una interrupción de embarazo que normalmente dura veinte minutos.

¿ESTAMOS EN UN ESTADO LAICO
O ME EQUIVOQUÉ DE PAÍS?

—Asimismo, el procurador del estado, Juan Manuel Salazar Pimentel, se encargó de llevar a Paulina y a su madre con un cura. Oiga, doctor, ¿en qué Estado vivimos? ¿Estamos en un Estado laico o me equivoqué de país? —insiste Isabel.

—No, no se equivocó de país.

Entre el doctor Ismael Ávila Íñiguez, Isabel Vericat, Silvia Reséndiz Flores y yo la discusión es candente. En un momento dado, trato de que baje la tensión y pregunto:

—Pero doctor, ¿cuál es la gran diferencia entre una mujer que llega al hospital en mal estado por las consecuencias de un aborto y los médicos le hacen un legrado, y una niña de trece años violada que trae una orden del Ministerio Público para que se le practique?

—Para mí no existe ninguna, pero me gustaría que pudiera preguntárselo a uno de los ginecólogos del hospital cuando alega: "Yo no estoy aquí para matar a nadie, yo estoy aquí para tratar de preservar la vida, no para acabarla". Como le digo, ésa es su situación particular, ni siquiera es la mía. Mi papel es decir: "Tengo una orden de la autoridad que debe cumplirse". Si el médico se ampara al día siguiente porque sus creencias le impiden practicar la intervención, tengo que buscar a otro.

Hasta ahora, en este penoso asunto, mi problema ha sido laboral.

—Doctor, ¿y su especialidad cuál es?

—Soy cirujano general.

—Incluso usted hubiera podido hacerlo.

—Desgraciadamente hice cirugía general y en este caso se necesita un ginecobstetra. Hice legrados hace quince años, ya no tengo la experiencia y no me atrevería.

—¿Cómo es posible que usted se atreviera a imponerle una maternidad que ella no buscó a una niña de trece años que dijo muy claramente que su deseo era abortar tras ser violada?

—No me impuse, desistieron.

—Pero, doctor, ¿no fue Paulina víctima de una doble violación, la física que le provocó su embarazo y la violación de su intimidad? ¿Por qué le impidieron librarse de tamaño trauma que va a cargar durante el resto de su vida? En treinta y un estados del país existe la legalidad del aborto en caso de violación.

—Fui respetuoso con los médicos ginecólogos y finalmente con la decisión de la madre de Paulina, María Elena, y de la propia Paulina.

—Es que a mí, doctor, lo que no me cabe en la cabeza es que una niña llegue con un problema semejante, la monstruosidad de una violación, y nadie se ponga en su lugar, nadie la apoye, nadie le diga: "No te preocupes, esto te lo vamos a resolver". ¿Cómo es posible? ¿Dónde está el rechazo a una acción indignante? ¿Dónde la compasión?

—Puedo asegurarle que en este hospital todos somos humanistas.

Isabel vuelve a la carga diciéndole que es perfectamente respetable que un médico se declare "objetor de conciencia", pero es indispensable que en todos los hospitales públicos haya un grupo de médicos dispuestos a acatar la ley y a hacer un legrado cuando es necesario, y él, Ismael Ávila Íñiguez, como director del Hospital General de Mexicali, no garantizó esta obligación. Isabel insiste en la urgencia de encontrar mecanismos mucho más eficientes y expeditos que cumplan la ley. La ley no basta. El caso Paulina lo demostró. Mientras Provida y la Iglesia católica o cualquiera que argumente en defensa de la vida le deje la responsabilidad de la manutención del bebé a Paulina y a su familia, la defensa de la vida es puro cuento, es *bluff*, hipocresía.

A la mayoría de los médicos no les gusta que una mujer les diga: "Quiero hacerme un aborto". No sólo es un problema de conciencia, es fácil personalizarlo: "Bueno, ¿mi mamá nunca pensó en abortarme?". "¿Fui una hija o un hijo deseado?". A lo mejor en mi inconsciente pienso que nunca lo fui.

Según el relato de María Elena Jacinto Raúz, el procurador Juan Manuel Salazar Pimentel tenía que dar su visto bueno, y Paulina y ella fueron a verlo.

—Nos preguntó si estábamos de acuerdo en hacer lo que íbamos a hacer y le dije: "Yo soy su madre y estoy de acuerdo porque mi hija es una niña. Ella lo que está sufriendo no es porque ella se lo haiga buscado o por su gusto, le tocó una desgracia y yo quiero que se le haga el aborto.

"—Pero, señora, esto es un crimen porque ya es una criatura —dijo el procurador.

"—Yo sé que todavía esto no es una criatura, claro que ya empieza a ganar vida, pero si esto se interrumpe ahora, se va a terminar pronto. Usted va a dar una firma para que se lo interrumpan y espero que así sea.

"—Pero, señora, ¿por qué no lo piensa usted mejor?

"—Ya está decidido y no tengo nada que pensar. Quiero que se lleve a cabo.

"—Señora, ¿no es usted católica?

"—Sí, soy católica y creo en Dios, pero porque soy católica y creo en Dios, voy a hacer esto. Si Dios ha perdonado a tanta gente, ¿por qué a mí no? Yo no estoy haciendo una injusticia, estoy haciendo un bien para mi hija porque Paulina todavía no tiene edad para tener una criatura.

"—Piénselo mucho, señora, esto es un crimen.

"—No, yo ya lo pensé.

"—Mire, ¿qué le parece? La voy a llevar con un sacerdote para que le haga ver las cosas. A lo mejor cambia de opinión.

"—Ya está decidido y no tengo por qué cambiar, pero si usted quiere, vamos…

"Nos llevaron con un sacerdote en el automóvil que manejaba su chofer y un guardaespaldas. Nos acompañó la secretaria de acuerdos del Ministerio Público. El procurador Juan Manuel Salazar Pimentel habló largo rato con el sacerdote cuyo nombre nunca supe. Quién sabe qué dijeron los dos, yo no le puedo decir, y luego me indicaron: 'Pase'.

"—A ver, platíqueme, ¿qué es lo que piensa hacer? —preguntó el sacerdote.

"—Pues mire, a mi hija la violaron y no quiero que ese producto nazca. Si fuera algo que ella hubiera buscado, está bien, m'hijita, tenlo, pero fue una desgracia. Yo quiero que me dé la autorización para que mi hija se haga un legrado. Soy católica, pero no porque sea católica no puedo hacer lo que tantas católicas hacen. ¿Por qué yo no, por qué, a ver, por qué? ¿No tenemos derecho porque somos pobres? A ver, dígame usted ¿en qué forma no tenemos derecho?

"—Es un crimen, piénselo mucho, señora, porque esto es un asesinato.

Resulta muy grave que funcionarios públicos confundan sus convicciones personales con la ley y no ejerzan su función médica.

En el caso de Paulina, violada a los trece años y madre a los catorce, los ginecólogos del Hospital General de Mexicali olvidaron que a diario reciben en el hospital a muchísimas mujeres a consecuencia de un aborto mal practicado y hacen entonces un legrado sin darse por enterados ni juzgar a la mujer.

En el caso de Paulina, ¿no es el suyo fariseísmo?

En este tipo de abortos, una comadrona inserta una sonda o un catéter que sólo inicia el aborto y le advierte a la mujer que tan pronto empiece a sangrar acuda al hospital. En algunas ocasiones desesperadas, las mujeres llegan a introducirse ganchos de "crochet", agujas de tejer, alambre, cucharas, ganchos de ropa, lápices, varillas de paraguas y sombrillas u otros objetos filosos, y corren el riesgo de perforarse, no sólo la matriz, sino los intestinos. Los tés abortivos son otro recurso, así como los laxantes, el cloro inyectado, sustancias cáusticas y hasta colorantes. En su angustia, algunas mujeres llegan a darse golpes en el vientre o a pedir que alguna otra persona se los dé, se tiran de una escalera o de un árbol y los hospitales se llenan de caídas intencionales. La Quinina, el Ergotrate y el Pitocin son otras técnicas farmacéuticas que en algunos casos dan resultado. De lo que nadie tiene la menor duda es del trauma espantoso que vive una mujer quien cae en el pozo de la angustia ante un embarazo no deseado.

Según The Alan Guttmacher Institute (AGI), cada año los hospitales públicos de Latinoamérica reciben a más de ocho millones de mujeres que sufren complicaciones por abortos inducidos.

Vivimos en un Estado laico, y aunque Baja California votó por el PAN —el partido político mexicano que más cercanía tiene con la Iglesia católica—, la orden del Ministerio Público era muy clara: interrumpir el embarazo. En un Estado laico donde se respetan las distintas iglesias, ningún funcionario puede imponer sus creencias religiosas por encima de la ley. Sin embargo, contra Paulina se ensañaron todos los fundamentalismos, a tal grado que la obligaron a proseguir con su embarazo (aunque, según los médicos, a los trece años es más riesgoso llevar a cabo un embarazo que interrumpirlo).

En 87 por ciento de los países del mundo el aborto es legal si se hace antes de los tres meses. Si el Estado mexicano dijera, como en Brasil, que los niños producto de una violación gozarán de un salario mínimo hasta los veintiún años, sería magnífico e inutilizaría la petición de legalizar el aborto, pero como esto no ha sucedido, para miles de niños la vida es un mal sueño. Indefensos, maltratados, el temor en el que viven afecta su desarrollo personal. Dentro de ese marco, ¿qué futuro le espera a un niño engendrado por estupro?

Cuando Valéry Giscard D'Estaing fue presidente de Francia, en 1982 se legalizó el aborto. Siendo católico, lo cuestionaron. Interrogado por las razones que lo habían llevado a tomar esa decisión refrendó su respuesta en *El poder y la vida*, su libro de memorias:

Yo soy católico, pero también soy presidente de una República cuyo Estado es laico. No tengo por qué imponer mis convicciones personales a mis conciudadanos, sino que debo procurar que la ley responda al estado real de la sociedad francesa para que sea respetada y pueda ser aplicada. Comprendo perfectamente el punto de vista de la Iglesia católica, y como cristiano lo comparto. Juzgo legítimo que la Iglesia pida a los que practican su fe que respeten ciertas prohibiciones. Pero no corresponde a la ley civil imponerlas con sanciones penales al conjunto del cuerpo social.

La posición de Giscard D'Estaing es clara: un Estado laico no puede regirse por una prohibición religiosa.

Resulta difícil cerrar los ojos a una dura realidad: las mujeres decididas a interrumpir un embarazo no deseado, lo harán por encima de cualquier prohibición legal o religiosa. La penalización no las disuade, sólo dificulta su acceso a buenos servicios médicos, con las graves secuelas que ya conocemos.

El abogado Marco Tulio Ruiz Cruz, en el excelente borrador de su autopropuesta para la defensa de Paulina, relata: "Con motivo de la Primera Guerra Mundial (1914-1918), surgió un problema que antes sólo se conocía en mínima escala, muchas mujeres de países ocupados fueron víctimas de violencia por parte de los soldados enemigos; de esa violencia resultaron embarazos y las mujeres hicieron maniobras abortivas para deshacerse del producto de una infamia. Esto hizo que Marañón expresara: 'La función sexual es en el hombre breve y pasajera, de unos minutos o de menos de uno. Pero en la mujer esos minutos no son sino el comienzo de la larga serie de fenómenos complicados y molestos, en cuyos largos meses de transcurso, todo el organismo materno, hasta la última de sus células, se modifica profundamente para culminar en el trance doloroso del alumbramiento y seguir en el periodo dilatado de la lactancia. Un soldado ebrio viola, a su paso por la ciudad conquistada, a una mujer desmayada de horror y sigue su camino, sin conservar, tal vez, ni el recuerdo de la pobre hembra pasiva a la que la naturaleza ordena, sin embargo, la misma esclavitud al ciclo sexual que la madre fecundada en una hora de amor consciente y entrañable'. Aquí queda planteado en su profunda esencia natural y humana, el problema de la mujer embarazada mediante la violencia. Siendo la maternidad el más alto de los atributos femeninos, ¿puede y debe imponérsele ese maravilloso sacrificio de su ser y de su sangre a quien no ha consentido, ni presuntamente, en la posible procreación?

”La respuesta de las legislaciones a partir de la postguerra de 1914-1918, fue negativa y este criterio se plasmó en nuestra legislación en el año de 1931, conforme a lo que dice el artículo 333”.

—Doctor, nosotras no somos abortistas —continúa Isabel—. Aquí nadie quiere el aborto, nadie lo promueve. Lo que buscamos es que no nazcan niños indeseados para que no haya más vidas desdichadas. Eso es todo. Una violación es la peor manera de venir al mundo. Además, algo debe andar muy mal en el mundo porque se realizan millones de abortos todos los días. En este país ni se diga, según el Conapo (Consejo Nacional de Población), en cifras de 1993 a 1995, se hicieron doscientos mil abortos anuales, entre inducidos y espontáneos. Su costo moral y humano es altísimo. Y no se diga el de las violaciones que la mayoría de las mujeres se abstienen de denunciar porque al ir a la delegación caen en el infierno del primitivismo, del machismo y del "tú te lo buscaste", que curiosamente coincide con la declaración de Jesús Marcos Giacomán de Vértebra, de Nuevo León:

> Las violaciones suceden porque la mujer está provocando o anda en lugares muy aislados, por donde no debe caminar, ya que es más fácil tomar un taxi. Si es violada y no quiere tener al bebé, puede darlo en adopción; incluso en Estados Unidos están dando hasta veinte mil dólares por un niño. Entonces sí conviene que las mujeres violadas tengan su hijo.

Yessica Yadira se suicidó a los dieciséis años

En 1997, en Durango, Yessica Yadira Díaz Cázares de dieciséis años fue violada por tres tipos en el camino de su casa a la escuela. Los denunció y no sólo no se le hizo justicia, sino que los agentes del Ministerio Público se burlaron de ella, la maltrataron, la insultaron; cayó en una profunda depresión hasta que se suicidó. Recientemente, el 3 de febrero de 2000, una mujer de veintidós años se tiró desde una ventana a siete metros de altura, en Ciudad Juárez, Chihuahua, no sólo porque la habían violado sino porque en el Ministerio Público se burlaron de ella: "Tú te lo buscaste. Además, ¿de qué te quejas? Para eso están ustedes, pinches viejas".

El recuento de horrores es tan atroz como las cifras negras de la violación. El 4 de abril de 1995, con trece años de edad y tres meses de embarazo, según Eduardo Monteverde, Teresita N. recorrió varios hospitales sin ser atendida de un embarazo resultado de una violación. Pasó por el Seguro Social, el Instituto Nacional de Perinatología y el Hospital de la Mujer, donde se negaron a interrumpírselo.

—A nosotros que no nos llamen espantacigüeñas —dijeron los médicos.

Cubierta sólo por una bata de quirófano, devolvieron a la niña al Centro de Terapia de Apoyo a Víctimas de Delitos Sexuales.

¿El violador? Francisco Contreras Albarrán, de veinticuatro años, tío de Teresita, la golpeaba en ausencia de la madre. El malhechor, siempre vestido de uniforme azul porque era policía auxiliar o preventivo, anda prófugo y seguirá estándolo según la experiencia del Centro de Terapia de Apoyo a Víctimas de Delitos Sexuales de la Procuraduría.

La niña, que apenas entraba a la pubertad, fue llevada al Hospital Gea González de la Secretaría de Salud, donde los médicos la atendieron de inmediato.

El Centro de Terapia informó que de 3 306 víctimas que acudieron por delitos sexuales de enero a diciembre de 1994, 47.8 por ciento corresponden a violación y 26.8 por ciento a abuso sexual. Sólo dos victimarios son detenidos de cada cien víctimas que denuncian el delito. El 67 por ciento de los agresores son conocidos de la víctima y más de la mitad son familiares, padres o padrastros.

Según María del Socorro Maya Quevedo y Liliana Plumeda, el número de violaciones en Mexicali es de setecientos al

año. "Y en vez de disminuir va en aumento —dice la abogada María del Socorro— porque no estoy contando a todas las
que pasan al otro lado y pagan trescientos dólares por un aborto.
Abortar en los estados norteños, tan cerca de Estados Unidos,
nunca ha sido un problema".

HAY MILES DE PAULINAS

No sólo es Mexicali, México está lleno de Paulinas. Ramón
Esteban Jiménez, director de la Clínica para la Atención y
Prevención de la Violencia de la UNAM, declaró que el 90 por
ciento de las víctimas de violencia intrafamiliar son mujeres.
Generalmente es el padre quien ataca a la mujer y a los hijos.
Ruth González Serratos, directora del Programa de Atención
Integral a Víctimas y Sobrevivientes de Agresión Sexual de la
Facultad de Psicología de la UNAM, declaró: "Es una prerroga-
tiva de todos los hombres utilizar a las mujeres para su servicio, para su complacencia. Es un sistema de roles perfectamente
armado en las leyes, la escuela, la religión, los medios de comunicación, es decir, siempre hay una situación de poder sobre la
mujer, de conquista, donde se espera de la mujer la sumisión y
el servicio en todos los sentidos".

Quien atrajo la atención del subprocurador de Derechos Humanos de Mexicali, Federico García Estrada, al caso de Paulina fue la singular asociación de mujeres Alaíde Foppa, dirigida por Silvia Reséndiz Flores. Maricarmen Rioseco Gallegos redacta desplegados, cartas y protestas, Socorro Maya es la defensora, Lourdes Sánchez, Sara Silva Reyes, Cristina Peralta, Conny Guzmán, Liliana Sánchez y Silvia Medel son activistas. También han participado activamente en el caso de Paulina integrantes de DIVERSA, con Rebeca Maltos Garza a la cabeza. Ninguna de las dos dirigentes tiene pelos en la lengua. "¿Conociste a Alaíde?", le pregunto a Silvia, y me dice que no. ¿Qué diría Alaíde de esta lucha que lleva su nombre? Seguramente pensaría que no vivió en vano y se sentiría orgullosa de darle su sello a una batalla semejante y ver su rostro multiplicado en carteles como el que ilumina con una luz azul el despacho de Federico García Estrada.

García Estrada es un hombre moreno de pelo blanco con el bigote negro, un rostro muy joven y la sonrisa fácil. Dinámico, inspira confianza. Siempre he pensado que para un hombre es difícil meterse en la piel de una víctima, pero Federico demuestra lo contrario.

Resulta lógica e indispensable la existencia de este grupo de apoyo a mujeres en Mexicali, donde la agresión que sufre la mujer es cotidiana: malos salarios en las maquiladoras, falta de prestaciones sociales, un gobierno que se empeña en impulsar los corredores industriales pero no las escuelas ni las guarderías, viviendas y servicios públicos que dejan mucho que desear, sobre todo en las colonias Mayos, Cachanilla, Azteca, De los Santorales, Virreyes, Nacionalista, Lucerna y Luis Donaldo Colosio, con sus baldíos desolados y mal alumbrados, sus casas

de cartón donde viven otras Paulinas y en las que hubo sete-
cientas violaciones el año pasado, cifra desmesurada en una ciudad de 1 500 000 habitantes. Como dice Rosa María Méndez
Fierros en el semanario *Siete Días*, se trata de asentamientos
de miseria donde la mano de Dios no pasa y mucho menos la de
las autoridades panistas o priistas.

Al Alaíde Foppa de Mexicali lo integran mujeres de diversas
ideologías que Silvia Reséndiz Flores hace coincidir: Silvia Bel-
trán del PRD, Aurora Godoy, Leticia Maldonado del PRI, María
Santos de "La casa de la tía Juana", una ONG, Nancy Soto y
otras que brindan todo tipo de ayuda a las mujeres víctimas
de la violencia, cuando "ayudarlas legalmente no es suficiente",
como bien dice Socorro Maya con la redonda dulzura que la
caracteriza:

—Uno de los logros más importantes del grupo ha sido
la declaración del 14 de noviembre de 1999, a propósito del
caso de Paulina, en el que privaron los intereses de un grupo
de la Constitución estatal y nacional: "[...] Es obligación del
estado de Baja California garantizar a las ciudadanas que acu-
dan a las instituciones de salud a solicitar un aborto legal, que
reciban atención médica, expedita y confidencial". Por desgracia, ésta se violó en el caso de Paulina.

Si Socorro Maya, la abogada de la familia, llama a Pauli-
na "la personita", el subprocurador de Derechos Humanos de
Mexicali, Federico García Estrada, la llama "la menor de edad".
Sensible, activo, rápido, sus recomendaciones han causado la
admiración de las integrantes de GIRE, y aunque Socorro Maya
Quevedo es quien lleva el caso legalmente, la aportación de
Federico García Estrada resulta esencial.

DILACIÓN Y TORTUGUISMO

—La violación fue el 31 de julio de 1999 —dice Federico García Estrada—. El 20 de agosto, Paulina y su madre consultan a
una doctora y les confirma: "La niña está embarazada". La misma
ginecóloga les dice que consigan la autorización del Ministerio

Público y que ella practicará el legrado inmediatamente. El 3 de septiembre la señora María Elena obtiene la autorización. A partir de ese momento campean la dilación, el tortuguismo y el burocratismo con el propósito de cansar a la familia. A pesar de todo, María Elena, Paulina y Humberto se mantienen incólumes: "No queremos que el embarazo prosiga". Un sacerdote les advierte que su familia va a ser excomulgada y se mantienen firmes. Intervienen las enviadas de Provida, violando la intimidad de la paciente, el procurador de justicia, el sacerdote, la absoluta indecisión del director del hospital y la familia sigue adelante. Nada ni nadie las hace cambiar de opinión: "Somos gente que 'no conocemos' ni hemos estudiado, pero sabemos lo que queremos. Estamos seguros". Ejercen sus derechos: "Este embarazo no es producto de un descuido en una relación de noviazgo, es el resultado de una violación". Tienen derecho al aborto. Paulina además va muy bien en la secundaria y es la única de los ocho hijos que ha llegado hasta allá.

Adiós mis quince años

—La niña, porque así le decimos, además de tener que dejar la escuela (es la única de mis hijos a punto de terminar la secundaria y teníamos la ilusión de que saliera adelante) estaba esperando su fiesta de quince años, con su misa, su baile, su vestido rosa largo, sus padrinos, sus damas, sus chambelanes, su pastel, su primer vals del brazo de su padre. ¿Ahora con qué cara se la hacemos? Es la última de mis ocho hijos. Teníamos ya una alcancía. Desde que llegamos de Salina Cruz no hemos sino ahorrado para su baile de quince años. Ella ya había enlistado a sus compañeros de escuela. ¿Cómo vamos a festejarla ahora con un niño? —se lamenta María Elena.

"El recurso de la muerte fatal fue lo que doblegó a la familia Ramírez Jacinto, pero los que diariamente conducen a la esterilidad y a la muerte a muchas mujeres en el mundo son los abortos clandestinos mal practicados —afirma el subprocurador de Derechos Humanos, Federico García Estrada—. El doctor Ávila

Íñiguez tan logró su cometido que la respuesta de la mamá de Paulina es memorable: 'Ojalá nunca les pase eso a ustedes, pero si lo que querían era intimidarnos, ya lo lograron'".

Sólo entonces doña María Elena firmó el documento en que la familia desistió.

"Por lo tanto nosotros estamos profundamente convencidos de que las autoridades del Ministerio Público, del Hospital General de Mexicali y la Procuraduría de Justicia son responsables de negarle su derecho. No sólo no respetaron su decisión sino que hicieron todo para nulificar su voluntad. Su derecho no podía ser inhibido bajo ningún concepto. A la familia jamás se le dio una información científica fidedigna y respetuosa, por ejemplo: 'Ustedes pueden ir al Hospital General donde no les van a cobrar o un particular puede practicarles la interrupción'. Paulina y su familia se acogieron a la ley y la ley se rio de ellos. En su caso, hay una violación al derecho a la información, una intimidación fatalista y una coerción. Para tener validez, la autonomía de la voluntad debe darse sin ninguna presión. Su desistimiento por lo tanto no tiene validez. Lo tendría, de haberse hecho sin violentarlas, pero yo alego que Paulina y su familia vivieron un mes y veintinueve días en un estado de permanente violencia psíquica y física; un calvario. Resulta absurdo que las autoridades produzcan un documento alegando: 'Desistieron'. Equivale a ponerles una pistola en la cabeza.

"Otro de los derechos fundamentales que violaron es la intimidad de la paciente que en relación con la autoridad estaba en plano de desigualdad. Tiene que darse el llamado 'consentimiento informado', pero en este caso la desigualdad entre el médico y la paciente es notoria."

El procurador de Derechos Humanos, Antonio García Sánchez, emitió una recomendación dirigida al gobernador del estado, Alejandro González Alcocer, en la que pide la destitución del director del Hospital General y la creación de un fideicomiso para reparar el daño material y moral causado a la futura madre, para cubrir los gastos realizados hasta ahora, la educación y atención médica de la madre y la criatura hasta la mayoría de edad.

—¿Ha aceptado el gobernador González Alcocer la recomendación?

—No, al contrario. A raíz del caso, el PAN vuelve a presentar una iniciativa de ley al Congreso para reformar la Constitución Federal y defender el "derecho a la vida" desde la concepción —concluye Federico García Estrada.

Me quedo petrificada. Si yo misma, ya vivita y coleando, nunca he sabido cuándo comenzó mi vida a ser mi vida, si hice verdaderamente lo que quise hacer, ¿cómo voy a saber cuándo comienza la vida de un embrión? Si ni siquiera sé qué es alma y la confundo con espíritu, cerebro, conciencia y psique (los indios no tenían alma, según el dictamen de la Universidad de Salamanca; no éramos gente de razón, según los conquistadores), ¿qué voy a hacer ante semejante disyuntiva? Marta Lamas, mi entrañable amiga feminista, me dijo alguna vez que el embrión no tiene desarrollo neurológico en el primer trimestre. Éste sólo ocurre a partir del cuarto mes. Así, un aborto practicado en los primeros tres meses significa quitar un tejido que no siente ni sufre.

¿Existe la vida desde la concepción? Luis Villoro asevera: "No hay un criterio seguro, con bases científicas, para determinar cuándo comienza a existir una persona humana". ¿Cuándo comienza la vida? Y me hago otras preguntas. ¿Es la niña Paulina sólo un aparato reproductor? ¿No tiene Paulina derecho al placer, sólo lo tiene a la violencia? ¿Cuál puede ser el proyecto de vida de una mujer violada?

Según el artículo 329 del Código Penal del Distrito Federal, el aborto es la muerte del producto de la concepción en cualquier momento de la preñez.

Según la ciencia médica no es lo mismo la muerte de un cigoto, de un embrión, de un feto viable o de uno no viable. A continuación se desglosan los conceptos médicos:

- *Cigoto*: fruto de la fecundación, resultado de la unión de un espermatozoide y un óvulo. Se desarrolla hasta llegar a implantarse en el útero, siete o quince días después de la fecundación.

- *Embrión*: el producto recibe este nombre a partir de su implantación en el útero y hasta los tres meses de embarazo.
- *Feto*: existe desde los tres meses hasta el momento del nacimiento. En esta etapa comienza el proceso de adquisición de las características reconocibles como humanas.
- *Viabilidad*: un feto es viable cuando está lo suficientemente desarrollado para sobrevivir fuera del útero materno. Ha terminado el proceso de desarrollo del cerebro, los pulmones y los riñones. La viabilidad se establece a partir del séptimo mes.

El cristianismo apoya la idea de que la vida comienza desde el momento de la fecundación. Cuando el espermatozoide y el óvulo se unen, un grupo de células vivas pero no conscientes conforman al ser humano.

De acuerdo con el argumento que prohíbe el aborto porque implica el asesinato de células, cortar nuestro cabello, nuestras uñas o podar el césped, también sería cometer un crimen, para no hablar de la matanza de otras especies para alimentarnos.

Aunque no hay un único criterio que defina cuándo comienza la vida humana, el punto de vista de la ciencia contemporánea coincide en señalar que esto ocurre en el séptimo mes del embarazo, cuando se desarrolla el sistema cerebral cortical y con ello la conciencia. Hasta ese momento el feto comienza a desarrollar las funciones específicas del ser humano. Es también hasta entonces que el feto puede vivir en el mundo exterior.

El pensamiento de Santo Tomás de Aquino, que dominó a la Iglesia católica hasta fines del siglo XIX, concebía la relación entre alma y cuerpo de una manera análoga a la relación que establece la ciencia entre vida y conciencia. Para la filosofía tomista, el embrión masculino no recibía el alma sino hasta los cuarenta días y el embrión femenino hasta el octagésimo día de su concepción, recuerda Gabriela Rodríguez en su artículo para *La Jornada* del 17 de abril de 2000, "Joven sacrificada por el PAN". Dada esta creencia, era lícito y moral practicar el aborto en un feto inanimado, es decir, antes de los ochenta días. Hoy en día, en cambio, la Iglesia se opone frontalmente al aborto en cualquier caso, aun en el de una violación. Prefieren sugerir a la madre entregar en adopción al niño, lo cual no siempre ocurre, siendo la madre quien sufre las consecuencias.

—Lo común en los casos de las doctrinas panistas y católicas —continúa Gabriela Rodríguez— es que no les preocupan los efectos psicológicos, económicos, ni el futuro de la mujer preñada, que la suerte del futuro ser siempre tiene preferencia sobre la madre que ya existe, que la decisión debe estar en manos de médicos y teólogos y en ningún caso de las madres. Ellas deben ser sacrificadas para salvar a un ser potencial a quien poder bautizar y librar del pecado original. "[…] Mientras no mejoremos las condiciones de vida y la balanza del poder entre hombres/mujeres, ricos/pobres, funcionarios/pacientes y ministros/feligreses, muchas mujeres como Paulina seguirán siendo injustamente presas del pánico ante la violencia".

Esto completa la idea ya presentada por Gabriela Rodríguez también en *La Jornada* del 30 de enero de 2000, "El miedo a la Iglesia", en donde, frente a la evidente preferencia de Norberto Rivera por el partido oficial, afirma:

El peligro es real y más que miedo debería generar pánico, no sólo entre políticos, sino, sobre todo, a los ciudadanos creyentes de los valores democráticos. ¿Cómo defenderse al mismo tiempo de un nuevo PRI y de una nueva evangelización?

El aborto se permite por cinco causas:

1. Violación.
2. Peligro de muerte de la madre.
3. Malformaciones del producto (en algunos estados).
4. Grave daño a la salud (si es una mujer prediabética se puede volver diabética).
5. Pobreza (como es el caso de Yucatán).

Y no se castiga por imprudencia o por inseminación artificial no consentida.

Legalizar el aborto no es volverlo obligatorio, sino regularlo, reglamentarlo. La discusión es si la maternidad debe ser voluntaria o no. Una vida hasta que no sale del cuerpo de la mujer no va a tener autonomía.

Católicas por el Derecho a Decidir

Católicas por el Derecho a Decidir, Catholics for a Free Choice, forma parte de una red internacional que surgió en Washington en 1973 y en Latinoamérica en 1987, a raíz del interés de una sexóloga uruguaya, Silvia Marcos, en México. Conocidas internacionalmente como las "Pro Choice" en contra de las "Pro Life", o sea Provida, luchan contra el anquilosamiento de la Iglesia y, como lo dice Pilar Sánchez, para darle "el total apoyo hacia los más jodidos, los más olvidados, los más vulnerables, los que antes fueron los leprosos y hoy son los portadores de VIH. Si Jesús viviera aquí estaría con ellos y no se apoltronaría en los bienes materiales". Hoy su dirigente en México es María del Consuelo Mejía —investigadora de la UNAM durante quince años y ganadora del premio del capítulo norteamericano de Amnistía Internacional por la defensa de los derechos humanos de las mujeres en 1998—, que no considera infalibles las enseñanzas sobre anticoncepción, sexualidad y aborto de la Iglesia católica.

María del Consuelo Mejía es un ser excepcional dotado de una clara inteligencia. Conocedora de la naturaleza humana, todo lo perdona.

Cuando hay duda hay libertad

—Santo Tomás decía que no se podía hablar de una persona con alma por lo menos cuarenta días después de la concepción en el caso de los hombres y ochenta días después en el de las mujeres. San Agustín decía que no se podía pensar que el alma llegara a una forma tan primitiva como el óvulo fecundado, tenía que haber un tiempo de desarrollo para merecer el ingreso del alma. Estas posiciones datan del siglo II. En la Biblia no hay referencias al aborto, salvo en una disputa sobre si la mujer pierde el embarazo, debe pagar en monedas, pero no por la vida del feto sino por su propia salud. Dentro de la misma doctrina católica hay enseñanzas morales que nos hablan de la libertad de conciencia, la capacidad de tomar decisiones y la de disentir de las enseñanzas que no son dogma. Los teólogos desarrollaron el principio de probabilismo a finales del siglo XIX, que nos dice que cuando hay duda hay libertad, sobre todo en un tema que tiene que ver con moral, porque la conciencia está por encima de las enseñanzas de la Iglesia. La conciencia está concebida, valga la redundancia, como el recinto más íntimo de nuestra relación con Dios. Las decisiones que tomamos a conciencia con nosotras mismas, son las decisiones válidas moralmente. Cuando actuamos en contra de nuestra conciencia es cuando pecamos. ¿Cómo es posible que el creador nos construya de una manera para luego cercenar nuestras posibilidades?, pregunta una teóloga feminista estadounidense. Si Dios no hubiera querido que las mujeres sintieran placer, no nos hubiera dejado con clítoris, porque el clítoris no tiene más función que la del placer.

”Jesucristo rompió con la normatividad de su época con respecto a las mujeres que fueron esenciales en su vida. María Magdalena, la samaritana, la mujer menstruando a quien tocó, la prostituta a la que rescató, es un mensaje olvidado o silenciado por la Iglesia. La palabra divina no es la palabra de los jerarcas, la Iglesia somos todas y todos, tenemos derecho a participar, expresar nuestras necesidades y deseos y considerar que nuestra conciencia también es una conciencia moral.

”La Iglesia católica acostumbra decirle no a las evidencias científicas. Hasta 1997 aceptó la teoría evolucionista de Darwin como cierta. Descendemos de los primates, no de Adán y Eva. La Iglesia tardó más de siglo y medio en aceptarlo. Ahora la Iglesia alega que el alma entra al óvulo en el momento mismo de la concepción. ¿Qué hará cuando la ciencia demuestre que esto es imposible? Si la Iglesia tardó siglo y medio en aceptar el evolucionismo, ahora sigue con el mito del alma al igual que el de la pareja mítica: Adán y Eva.

"¿No es de una gran arrogancia seguir diciendo que no a la evidencia científica cuando la mayoría de las sociedades democráticas y avanzadas del mundo tienen legalizado el aborto justamente por ella? ¿Qué defiende la Iglesia católica hoy en el mundo? Antes su batalla era contra el comunismo, hoy pretende ejercer un control absoluto sobre la pareja, la familia, la sociedad.

"¿Qué entendemos por alma? De la misma manera que la Iglesia usó la metáfora de Adán y Eva para explicar el origen del género humano, se inventa una entelequia a la que se llama 'alma' para hablar de lo que nos caracteriza como seres humanos: la conciencia.

"La ciencia argumenta que del tercer mes hacia atrás, no hay la menor respuesta neurológica. Provida alega que la respuesta son los reflejos musculares. Sin embargo, un embrión abortado a los tres meses no puede sentir dolor porque no tiene conexiones neurológicas.

WE ARE CHURCH

"En 1996 surgió en Estados Unidos un movimiento muy interesante: 'We are Church', 'Somos Iglesia', para pedirle al Vaticano cambiar sus enseñanzas sobre anticoncepción, el respeto a los homosexuales y lesbianas en la Iglesia, el celibato como opción y no como obligación para los sacerdotes, y el ministerio para que las mujeres puedan ser sacerdotisas. Se hizo un plebiscito y se reunieron millones de firmas que se llevaron al Vaticano. Posteriormente, el movimiento se desarrolló en Austria, Francia, España, Italia, Bolivia, Brasil, Uruguay, Colombia, Argentina, México y otros países.

"La Iglesia católica parte de la idea de que Dios es el único que da o quita la vida, los seres humanos no tenemos derecho sobre ella, por lo tanto no podemos usar anticonceptivos, y los que se suicidan son condenados.

"En 1963 —continúa María del Consuelo Mejía, directora de Católicas por el Derecho a Decidir— Juan XXIII convocó a la Comisión Papal del Control de la Natalidad, formada por cuarenta médicos, abogados (pocas mujeres), que sesionaron durante tres años para estudiar si podían cambiar el uso de métodos anticonceptivos en el interior de la Iglesia. Como había mucha resistencia, cuando terminaron de sesionar, Juan XXIII había muerto. Su sucesor, Pablo VI, convencido por un cardenal de que se minaría la autoridad de la Iglesia católica, emitió la *Encíclica Humana Vitae* que prohíbe el uso de los anticonceptivos. Hoy, muchos católicos modernos alegan que la Iglesia no debería opinar en materia de sexualidad y reproducción porque va a ser totalmente rebasada por los acontecimientos, es decir, por los descubrimientos científicos.

Todos somos Iglesia

"Estamos acostumbrados a no hablar, porque nos han obligado a invisibilizar la vida sexual —dice Pilar Sánchez, doctora en pedagogía y en filosofía, miembro de Católicas por el Derecho a Decidir—. El que la mujer planifique su familia o evite tener un nuevo producto, por su situación económica, familiar o por violación, resulta inaceptable para la Iglesia.

"Hay una contradicción en torno a esta vida que se quiere preservar. ¿Por qué se da a escoger a los creyentes entre la vida del feto y la de la madre? ¿Por qué se elige la vida del feto?

"Las mujeres no importamos. El que vale es el que todavía no está formado, el que no es persona. Lo que más cuestiona e increpa a la jerarquía es que la mujer decida, piense, tenga voz, imponga su voluntad. Está mal visto que hable la mujer en la vida religiosa (yo fui religiosa durante doce años), en la vida matrimonial, en la familiar y en la laboral.

"¿Qué justifica que Paulina cargue durante el resto de su vida con un hijo que no deseaba? ¿Por qué? ¿Porque es pobre? ¿Porque su familia no tuvo el privilegio de la educación? En lugar de volver los ojos a los países europeos, donde el aborto dejó de ser un problema para ser un derecho y una decisión que *toda* mujer —cualquiera que sea su estatus económico y su rol social— puede tomar, México se empantana y olvida el inalienable derecho que una mujer tiene sobre su cuerpo."

Un monumental edificio de piedra que parece un *bunker*, en una plaza que responde al nombre de Centro Cívico y Comercial de Mexicali y abarca otras dependencias gubernamentales como los tres poderes locales, legislativo, ejecutivo y judicial (ya que también alberga a la Procuraduría General de Justicia del Estado) impresiona a los visitantes. En el asta ondea la bandera de México grande y hermosa, y la magnitud de la plaza y de los edificios nos comprueba que estamos en lo alto de la pirámide. Aquí están los mandamases. Me gustaría que las construcciones inspiraran menos reverencia y que su color estuviera más acorde a los rosas, los ocres y los amarillos del desierto y no ostentaran la negrura del basalto, pero supongo que el poder debe imponer y atemorizar.

El Centro Cívico también alberga un monumento que me conmueve porque es un homenaje a los pioneros, y es fácil imaginar a los tres que llegan como la sagrada familia —Jesús, María y José— a pedir posada. No viajan en burro sino a caballo; el padre lleva su pico y su guaje, y la madre, exhausta y lánguida, carga al hijo sobre su regazo.

El doctor Carlos Alberto Astorga Othón, director de ISE-SALUD (que corresponde a nuestra Secretaría de Salubridad y Asistencia), nos recibe de inmediato. De hecho, ninguno de los funcionarios a quienes acudimos nos hicieron esperar y su trato fue de una exquisita cortesía. Pasamos a un salón de actos con una mesa larguísima, la bandera nacional y una extensa hilera de fotografías de anteriores directores (busco a alguno con cara simpática al menos para mí y encuentro a varios), y dos edecanes nos ofrecen café, refrescos, galletas, chocolates, condones, lo que queramos. Un secretario del secretario nos pregunta cuál es el motivo de nuestra visita, qué tema vamos a tratar para avisárselo al señor secretario. Respondo tímidamente que el de la niña Paulina, a la que se le negó un aborto hace meses y ahora va a dar a luz. El secretario del secretario sale y entra Karla Gómez, fotógrafa que trabaja en el departamento de comunicación de ISESALUD. Karla nos retratará insistentemente a lo largo de la entrevista e incluso al día siguiente en el Hospital General de Mexicali, cosa que irrita a Isabel: "¿Para qué es esto?", pregunta.

—Es un trámite que hacemos con todos nuestros visitantes: los fotografiamos para llevar un registro —responde Karla.

El director y médico Carlos Alberto Astorga Othón es joven, lleva una camisa azul y un aire de gran suficiencia, como la mayoría de los que llegan antes de tiempo a un puesto de mando. Colgado del cinturón de su delgada cintura, un "biper" espera su sonido. Asimismo, coloca un celular sobre la mesa. Lo acompañan todos los atributos de la tecnología más avanzada. Isabel, de inmediato, emprende la batalla y Astorga Othón se pone a la defensiva. Tras él entra un secretario y el doctor Óscar del Real, que Astorga Othón nos presenta:

—El doctor Óscar del Real es el director de Servicios de Salud y responsable del sistema hospitalario del estado.

De camisa a cuadros, Óscar del Real se sienta al lado de Isabel Vericat y no pronuncia una sola palabra. Me cae bien por instinto y porque su actitud es todo menos prepotente.

De inmediato, un secretario pone una grabadora sobre la mesa y Karla Gómez nos retrata. Clic, clic, clic, clic. Vehemente, Isabel le dice al director que considera que la actuación de Paulina y María Elena, su madre, es un ejemplo ciudadano:

—A Elena Poniatowska y a mí nos interesa saber por qué Paulina no pudo ejercer su derecho y qué pasó. ¿Qué pasó?

—Pues simplemente sus papás renunciaron a que se le practicara el aborto —responde Carlos Alberto Astorga Othón, parapetado tras su camisa azul y sus múltiples aditamentos, que no dejan de fascinarme porque fascinarían a mis nietos, quienes preguntarían: "¿No me lo prestas tantito?"—. Desistieron al final de mes y medio, cuando la niña ya tenía tres meses de embarazo.

—No, todavía había tiempo. Incluso la noche en que los padres se desistieron, yo había indicado que se preparara un equipo técnico para que se efectuara.

—Usted dice que estaba dispuesto a hacerlo —vuelve a la carga Isabel— pero ya había pasado más de un mes, la niña fue internada ocho días, la primera vez; tres días, la segunda. ¿Por qué resultó tan difícil?

Astorga tiene una expresión muy seria y tengo la leve sospecha de que comienza a enchilarse.

—Doctor, se trata de un aborto por violación y del respeto al consentimiento informado de la paciente. ¿Por qué es tan difícil que las mujeres ejerzan su derecho? ¿Cuenta más la ideología de la gente que maneja los servicios? Eso es ilegal. Usted dice que la niña y su madre se desistieron luego de un mes y veinte días de acoso y de estarlas llevando y trayendo sin sentido dentro de los servicios públicos de salud.

—No la lleva a nada arrinconarme a mí —se enoja Astorga Othón—. Como autoridad, cumplimos con la autorización para que se practicara el aborto. El retraso provoca que el Ministerio Público ordene la intervención del director del Hospital General, quien, cuando acude, es detenido. Esto molesta enormemente al gremio médico del hospital. En ese lapso, al día siguiente se buscan médicos, pero no hay uno solo que quiera practicar el aborto y, como usted sabe, un derecho que no puede tampoco desaparecer es aquel de no arriesgar la vida del paciente. Los médicos ejercieron su derecho. Nosotros recomendamos e instruimos al hospital para que se hiciera el aborto, no hubo quien lo quisiera hacer. En ese transcurso, los papás y la niña se desistieron y ahí terminó el caso para nosotros. Si hubo o no una visión ideológica, eso ya no me toca a mí juzgarlo y ésa es la función de las ONG, que la sociedad dirima esas diferencias, para que llegue a puntos concretos que luego se utilicen en la ley. ¿Cierto?

—Sí, por eso estamos aquí. No se sienta acorralado.

—Ya la Comisión de Derechos Humanos emitió una recomendación con la cual ni nosotros ni el gobernador estamos de acuerdo, porque pide que se sancione penalmente a los funcionarios que participaron en ese desistimiento cuando no hubo coerción para que se diera el mismo.

—¿No está usted de acuerdo con la magnífica recomendación del subprocurador de Derechos Humanos, Federico García Estrada?

—Al contrario, estoy en desacuerdo.

Más tarde, en otras declaraciones periodísticas, Carlos Alberto Astorga Othón habría de afirmar: "El caso Paulina es una infamia y perversidad del subprocurador Federico García Estrada, y en eso coincidimos totalmente el gobernador Alejandro González Alcocer y yo... Por puro protagonismo desató una campaña, sólo para posicionarse, y todo lo hizo porque quería la Procuraduría de Derechos Humanos y esto lo considero infame, perverso y atroz", publicó el diario *La Crónica* el 2 de mayo de 2000.

—Pero ¿está usted en desacuerdo con un fideicomiso?

—Si después, moralmente, debe crearse un fideicomiso para atender a la madre y al producto de su embarazo, estoy de acuerdo. Hay que buscar mecanismos con los que la sociedad proteja a personas lastimadas.

—¿Usted sugiere algún mecanismo?

—Grupos de ayuda vinieron a ofrecer su apoyo a la niña, grupos que no coinciden con ustedes y están en medio de una pugna ideológica. Yo me limito a lo que en la legalidad me es permitido.

—Concretamente, cuando llega la autorización del Ministerio Público al hospital y usted le turna a la autoridad competente, ¿no cree que en un hospital de servicios públicos debe haber alguien dispuesto a practicar la interrupción del embarazo si hay una ley que así lo dicta? —pregunta Isabel.

—Ésa es una interpretación suya.

—No. A mí me parece que hay un vacío, una falla en la reglamentación, una falta de mecanismos.

—Ésa es su opinión.

—Usted acaba de decirnos que no había nadie dispuesto a hacerla. A mí me parece que esto viola los derechos ciudadanos.

—Yo no dije que no había nadie sino que los ánimos estaban molestos y no se localizaba quién practicara el aborto. Tan es así que el mismo día que se desistieron los padres se formó un equipo para practicarlo. Insisto en la palabra "autorización", porque no es una orden.

—Pero entonces, ¿por qué no se practicó?

—Porque hubo un desistimiento de la familia.

—Eso no es cierto. ¿Está de acuerdo en que pasó un mes y veinte días desde la primera entrada hasta el desistimiento?

—Como le comenté, el sábado en que desistieron se le iba a practicar la interrupción.

—¡Qué casualidad! Un mes y veinte días y tenía que ser ese mero día.

—No, no fueron tantos días.

—Lo tenemos en actas con fechas y todo —contesta tajante Isabel.

—Según mi expediente, del sábado que autorizan a la formación del equipo para practicarle el aborto, apenas pasa una semana.

—Bueno y usted, ¿por qué cree que se violó la intimidad de la paciente? ¿Por qué no se respetaron los derechos humanos de Paulina? El asunto no es sólo el desistimiento, doctor Astorga Othón, también es el de la información a la prensa. Usted puede decir lo que quiera, usted es el director de Salud, pero usted también es responsable ante la opinión pública de cómo funciona el sistema que usted encabeza.

—Y créame que lo hago y lo voy a hacer. No soy quien debe estar ventilando en la prensa asuntos que debo corregir adentro. Tampoco soy responsable de que un periodista ande en los pasillos hurgando por todos lados. Se enteró de que el director del hospital estaba detenido y lo sacó a ocho columnas al día siguiente.

—El periodista Javier Mejía tuvo razón, póngase en nuestro lugar, doctor. Yo como ciudadana me entero a través de la prensa de la calidad de los servicios públicos.

Astorga Othón está que trina y nos pulveriza con la mirada. El aire puede cortarse con cuchillo. El cenicero frente a Isabel, retacado de colillas, humea.

—Yo creo que usted no debe sentirse acorralado —digo conciliadora—. Sabemos que usted es de formación católica y todos aquí estamos en la misma situación; nos educaron dentro del catolicismo. Estudié en un convento de monjas. Lo que da dolor y mueve a compasión es que se trata —otra vez— de gente pobre que en vez de ir con una comadrona, cosa que fácilmente pudieron elegir, busca la defensa legal a la que tiene derecho y una solución que le garantiza la Constitución. Su actitud de confianza y de respeto por sí mismos y por la ley que va a protegerlos no tiene respuesta, sólo indiferencia. Después de ser violada, Paulina recurrió a las autoridades y buscó apoyo como lo haría con sus mayores. Nuestro primer impulso, el de Isabel y mío y el de miles de mujeres mexicanas igual a nosotras, habría sido ayudarla. ¿Cómo? Liberándola de un embarazo por violación. Finalmente, la niña salió igual, sólo que aterrada y más sola aún. ¿Cómo puede remediarse eso? Supongo que usted tiene hijos. ¿Qué pasaría si su hija es violada?

—No me lo puedo ni siquiera imaginar, no lo toleraría.

—¿No quisiera usted matar al tipo?

—No lo sé, no me quiero poner en ese escenario. Ni que nadie en el mundo lo estuviera. Causa mucho coraje que esto les ocurra no sólo a personas de escasos recursos sino a cualquier mujer. Para ello hay mecanismos y agencias especializadas de ayuda.

—¿Cuáles? ¿Dónde están? ¿Por qué fallaron entonces?

—Lo desconozco. Hicieron bien o mal, no lo sé. Lo que sí sé es que hay agencias y grupos especializados de ayuda, tanto de los que están a favor como de quienes están en contra del aborto, y ambos se acercaron a ofrecer su ayuda a la niña.

"Frente a este tema, hay una polarización que ustedes conocen. Nosotros nos ajustamos al proceder de la ley y si alguien de nuestro equipo ha cometido alguna barbaridad habrá que reclamarle, pero nunca dejó de conmovernos el caso, como no nos dejaría de conmover cualquier otro suceso que violentara la seguridad personal.

—Pero esa misma lentitud, ese darle largas, impidió que Paulina saliera del hospital con su problema resuelto. Al día siguiente hubiera ido a la escuela en vez del embarazo prolongado que la fue marginando de sus compañeras y de su vida anterior. La vida de Paulina no volverá a ser igual. No tenía por qué convertirse en una tragedia que nos atañe a todos. El aborto es una experiencia atroz que ninguna mujer toma a la ligera porque interrumpe la vida. Y si en el momento mismo lo toma a la ligera, las repercusiones vendrán más tarde. Siempre las hay. Nadie se salva de ese tipo de reflexiones. Uno se pregunta cada día, ¿por qué estoy aquí? ¿Para qué sirvo? ¿A quién puedo servirle? Por el caso patético e injusto de una sola niña, Paulina, pensamos en el problema en el que se ven muchísimas mujeres, hermanas, hijas y los hijos y las hijas de todo el mundo que son también nuestros hijos.

"El aborto también ha deshecho parejas. Deberíamos vivir, ¿o no, doctor?, pensando que a todos nos puede suceder lo mismo. Además de temor e indiferencia, creo que hubo dureza por parte de las autoridades.

—Yo creo que no hubo dureza. Tal vez fue lenta la orden de autorización mas no la jurisdicción por parte del hospital. Se lo digo porque yo seguí el proceso. Si ustedes revisan el procedimiento de la Procuraduría, verán que fue puro trámite legal. Yo desconozco si así es siempre o fue específicamente lento en este caso. No lo sé.

Después de su último "no lo sé", el director de ISESALUD se despide, enojado. Su secretario sale tras él. En cambio, la fotógrafa sigue sentada y vigila la grabadora así como su cámara vigila nuestros rostros. Isabel y yo permanecemos ancladas frente a la mesa, ella al lado del médico Óscar del Real, que al menos tiene una actitud más abierta que la de Astorga Othón y yo frente a él, a quien, por lo tanto, también puedo ver de frente. Definitivamente le tengo mucha más confianza que a Astorga Othón. Es otra gente y otro modo de ser, gracias a Dios y a la Virgen de Guadalupe.

El doctor Óscar del Real habla de la intimidad del paciente hospitalizado.

—Hay gafetes para manejar el acceso del público a los servicios, pero déjenme decirles que yo fui director del Hospital

General de Mexicali durante cinco años y director del Hospital de Ensenada, y en varias ocasiones recuerdo haber solicitado la autorización del Ministerio Público para llevar a cabo interrupciones del embarazo.

Desde luego este doctor se ve muchísimo más accesible y mucho menos violento que Carlos Alberto Astorga Othón. Dispuesto a dialogar no nos echa miradas asesinas, sobre todo a Isabel.

—Por lo menos en tres ocasiones yo le solicité al Ministerio Público autorización para llevar a cabo interrupciones del embarazo en mujeres que teniendo una enfermedad ponían en peligro su vida: leucemia, cáncer, cáncer de linfoma, pero siempre fue un problema obtenerla.

"Primero, no estamos muy acostumbrados a la aplicación de este tipo de leyes y segundo, aunque yo tenía confianza en los jefes de servicios, en el anestesiólogo, en los ginecobstetras, una parte importante de los médicos se niega a la interrupción del embarazo. Hay otros que sí la aceptan. De cualquier manera, siempre ha sido difícil reglamentar lo que sucede ante la comisión de un delito, por ejemplo, la violación. La autorización por parte del Ministerio Público para la interrupción del embarazo y finalmente su ejecución en los servicios de salud son pasos lentos y no están bien reglamentados. ¿Quién, cómo, dónde y cuándo? El caso que nos ocupa tuvo tres etapas: la primera, la orden directa del Ministerio Público al director del Hospital General para llevar a cabo la interrupción del embarazo; la segunda, la presentación del director ante los separos de la policía judicial del estado al no llevarse a cabo con la prontitud solicitada, y la tercera, aunque la policía libera al director del hospital, los médicos se sintieron humillados, agredidos, cerraron filas y dijeron: 'No podemos trabajar con el Ministerio Público'.

—Aunque es respetable la creencia o la conciencia de cada quien, tiene que haber un servicio seguro para el paciente. Alguno o alguna tiene que estar dispuesta a hacerlo, esté de acuerdo o no.

—Así es. La vinculación entre la parte procuradora de justicia y los servicios de salud es difícil, no de ahora sino de siempre.

En los hospitales recibimos heridos que presumiblemente fueron objeto de agresiones o cometieron un delito; fueron heridos por la policía o por ellos mismos y sobre ellos tenemos que informar al agente del Ministerio Público, que en muchas ocasiones entra al hospital como Pedro por su casa, sube a los pisos, pasa a terapia intensiva en plena violación de las normas de atención a los enfermos. Interroga a los heridos o a los presuntos responsables, exige certificados médicos en el acto, y cuando eso no sucede, gira una orden de presentación al médico interno, becario o residente.

—Supongo que esto genera grandes fricciones.

—En mi época de director promoví una reunión entre el procurador del estado, los agentes del Ministerio Público y los jefes de servicio del hospital, y nuestras relaciones mejoraron considerablemente.

—Hace falta reglamentar lo que sucede a partir de que se autoriza la interrupción del embarazo, quién lo va a interrumpir, en qué servicio. ¿Por qué en la Secretaría de Salud y no en los servicios médicos municipales? ¿Por qué no en la Cruz Roja o en el Seguro Social? Lo que sucede en el caso de Paulina es que se da una lucha de poder para ver quién prevalece sobre quién.

—Es una cuestión interna, doctor Del Real, pero es también una cuestión de ética médica. Si los médicos públicos siguen funcionando así, estamos perdidos porque va a prevalecer su creencia personal o su ideología sobre la ciencia médica.

—Mire, lo mismo sucede con los enfermos de sida. Luchamos todos los días por atenderlos de manera digna pero desafortunadamente hay resistencia en ciertos grupos de servidores del Seguro Social. Estos pacientes tienen el estigma de ser contagiosos y pertenecer a grupos minoritarios que no merecen la consideración del resto de la sociedad. Si un director de hospital le ordena a un médico hacer una interrupción de embarazo, responde que no tiene por qué hacerla, porque dentro de su capacidad deliberativa como profesional de la salud está decidir si lo hace o no.

"Volviendo al caso de esta niña Paulina, hubo una sobrerreacción de parte del Ministerio Público y del personal médico involucrado. De tener la decisión, lo que yo hubiera hecho es sacar a la niña fuera de ese contexto e interrumpirle el embarazo bajo otras circunstancias, quizás a nivel privado.

—El meollo de la cuestión —dice Isabel— es que los médicos violaron el consentimiento informado, que es uno de los parámetros de la ética médica en los sistemas públicos de salud en México.

—Tenemos hojas de consentimiento informado para intervenciones quirúrgicas de todo tipo que alertan al paciente acerca de los riesgos que corre. No hay que perder de vista que el hospital de Mexicali realiza entre trescientos y cuatrocientos abortos anuales.

—¿Ah sí? ¿Legales?

—Legales, es decir, las pacientes llegan no por órdenes del Ministerio Público, sino con abortos inducidos…

—¿A consecuencia de un aborto clandestino?

—Que no nos interesa investigar. La atención de la salud a la enferma se da no por los aspectos punitivos o de presunta ilegalidad. Lo digo porque he estado veinte años en el hospital y siempre ha sido así. Nunca verán ustedes que de la institución surja una denuncia o un señalamiento a las autoridades para que sea perseguida como delito la práctica del aborto clandestino.

LA SALUD NO TIENE COLORES

—En el hospital atendemos específicamente el caso de salud —continúa el doctor Óscar del Real—, lo mismo ocurre cuando un presunto delincuente llega herido. También recibimos a las mujeres que se presentan con un aborto en evolución. Tampoco crean ustedes que hay una tendencia ideológica diseminada dentro de nuestros servicios contra la interrupción del embarazo. No hay un conservadurismo despiadado en el gremio médico. El aborto es una cuestión controversial en todos lados, como las pláticas de sobremesa sobre si existe Dios o no, que pueden llegar a ser tan irritantes. Por otro lado, en los servicios de salud no hay colores, la salud no tiene color ni ideología. Pensamos más en términos científicos y de salud que en términos ideológicos, y les voy a poner de ejemplo el programa de salud reproductiva, que tiene varias vertientes, ayuda a la mujer en salud perinatal, salud clínica, salud familiar. En el estado de Baja California tenemos la cobertura más alta de todo el país de mujeres en edad fértil con métodos de planificación familiar: el 79 por ciento. Tenemos la tasa global de fertilidad más baja de todo el país: el promedio es de 2.4 hijos por mujer a nivel nacional y aquí es de 2.05.

"Por un lado, el 100 por ciento de la población tiene acceso a los servicios de salud, ya sea de la seguridad social o de la población abierta, a través de la medicina privada. Hay un impulso fuerte de las políticas gubernamentales y estatales para hacer disponibles métodos anticonceptivos, información y consejería. Estos programas nos permitieron de un año a otro duplicar el examen Papanicolau. Este año echaremos a andar el programa de cáncer de mama.

—En su proyecto de planificación familiar ¿hay anticoncepción de emergencia?

—Todavía es una cuestión muy polémica. Ya contamos con las prefectas para iniciar la capacitación, pero no nos han dado la orden de echarlo a andar. Es un tema muy controversial, precisamente por las fuerzas antiabortistas.

—¿La Iglesia católica?

—Sí, porque la anticoncepción de emergencia inhibe la implantación del huevo.

—¿Y aquí los hombres se hacen la vasectomía?

—No son muchos, pero sí hacemos con cierta frecuencia jornadas de vasectomía sin bisturí, que son gratuitas, y realizamos algo así como trescientas intervenciones al año.

—Volviendo a los médicos, doctor, ¿nunca ha sucedido que un médico reprenda a una paciente, "mira tú, pecadora, tú te lo buscaste", y le eche una filípica?

—Jamás. Al contrario, hay solidaridad con las mujeres.

—¡Sin embargo, viene una niña pidiendo un aborto al que tiene derecho y todos ponen el grito en el cielo! Cuando usted fue director, ¿tuvo algún caso en que peligrara la vida de la mujer y que decidiera hacerle un aborto?

—Sí, tres o cuatro.

—¿Y no recurrió al Ministerio Público?

—No, porque eran casos de daño en el corazón que hacían que la paciente no soportara su embarazo, o cáncer y leucemia, y el bebé habría tenido malformaciones por la quimioterapia.

—Aquí, en Mexicali, ¿los médicos que hacen abortos han sido perseguidos?

—Pienso que no, por lo menos no recuerdo denuncias expresas en los periódicos. Probablemente sólo uno ha sido señalado a lo largo de diez o quince años.

Nos despedimos del doctor Óscar del Real. Obviamente se trata de un hombre bueno, comprensivo y dispuesto a escuchar; todo lo opuesto a Astorga Othón. La prepotencia de los jóvenes funcionarios que creen que "ya la hicieron" es apabullante.

Salgo reconfortada por esta entrevista con un hombre conciliador e inteligente: Óscar del Real.

Isabel y yo nos disponemos a ir a la Procuraduría de Justicia del Estado a entrevistar al procurador Juan Manuel Salazar Pimentel. Esperamos un rato en la antesala con Liliana Plumeda, Socorro Maya y Silvia Reséndiz Flores. Nos ofrecen refrescos. Silvia Reséndiz Flores está que trina por la espera. Mujer de mucho carácter, parece una tenista asoleada. Sus saques están en su carácter y nunca se le va una bola. Bajo su pelo corto, su ceño fruncido y sus fuertes rasgos demuestra su carácter. Esperamos, esperamos, y Silvia se impacienta. También Isabel Vericat es contundente. Finalmente advierten con cautela y amabilidad que el procurador no está en Mexicali y por lo tanto no podrá recibirnos. ¿Queremos ver a alguien más? ¿Pueden servirnos en algún otro trámite? ¿Otro cafecito? ¿Tenemos transporte para ir al aeropuerto? Una secretaria nos cuenta aquí en confianza que el procurador no tiene hijos, y si llevó personalmente a Paulina y a su madre a hablar con un sacerdote, quizá se deba a una razón íntima y familiar, además de religiosa, claro está.

—Pero si la religión católica lo permite y el penalista Ruiz Cruz afirma que aun el derecho canónico consiente el aborto (en caso de riesgo para la vida de la madre o por violación), el celo del procurador Juan Manuel Salazar Pimentel resulta totalmente fuera de lugar —le comentamos Isabel y yo.

—Estoy de acuerdo.

Salimos de la Procuraduría y nos despedimos irritadas a pesar de tanta amable galleta, amables refrescos y cafecitos endulzados. A quien sí abrazamos con tristeza porque han sido intensos y dolorosos estos tres días de camaradería es a Socorro, a Silvia y a Lilia, desde ahora nuestras amigas.

En México, la gran mayoría de las mujeres se tragan el trauma de la violación, no lo denuncian porque saben que en el juzgado serán vituperadas, es decir, doblemente violadas, y asumen de por vida el estigma de tal violencia. Por lo tanto, María Elena Jacinto Raúz y su hija Paulina son unas pioneras y su lucha es admirable porque sus derechos humanos corren al natural, alimentan su sangre.

El tema del aborto es angustioso y complejo y nos afecta a todas las mujeres. Los fundamentalistas hablan siempre a favor de la vida que "ya está allí palpitando" en el vientre de la madre y no de los derechos de los miles de niños estigmatizados por el rechazo de sus padres. ¿No habría que pensar que el abandono está allí palpitando? Rechazados, los niños de la calle viven en las alcantarillas y los "niños bien" se la pasan abandonados afectivamente aunque los cuiden nanas y choferes.

Denise Dresser escribe el 23 de abril de 2000 en *Proceso*:

El tema del aborto es difícil para cualquier persona que piensa, reflexiona, siente. Es difícil pensar que cualquiera que haya tenido un aborto lo haya hecho en forma casual. Aquellas mujeres que han abortado seguramente piensan en lo que pudo haber sido; en la niñez con zapatos de charol, en el niño con la camiseta del América. Un aborto desgarra y desanima y hiere y humilla. Pero el derecho a abortar —un derecho que tienen las mujeres en la mayor parte de las democracias occidentales— no fue una propuesta de sobremesa de feministas que lo sugirieron una tarde compartiendo café, especulando cómo irritar a los hombres, planeando cómo conquistar al mundo. El derecho a abortar forma parte de esas largas luchas que han movido las ruedas de la historia milenio tras milenio.

En México se intenta desacreditar el tema de la legalización del aborto argumentando que pertenece al coto feminista, al mundo de las mujeres gritonas y guerrilleras. Pero no se necesita ser feminista para creer en los derechos de la mujer: derechos universales, humanos, esenciales. La Corte Suprema de los Estados Unidos ha dicho que el derecho de una mujer a optar por un aborto es algo central a su vida, a su dignidad [...] y cuando un gobierno controla esa decisión, le está negando la posibilidad de ser tratada como un ser adulto entero, responsable de sus propias decisiones. Los gobiernos que penalizan el aborto siguen percibiendo a las mujeres como madres, amantes, esposas, concubinas, secretarias, subalternas. Quieren mantenerlas en su lugar, en el infantilismo invariable, en el sótano del segundo sexo.

Según *Novedades*, el 14 de marzo,

Socorro Díaz tildó como desacato la actuación de las autoridades de Baja California. Declaró que se violentaron los derechos humanos de Paulina al ser víctima de un ultraje sexual y después mediante el desacato de las autoridades de Baja California, que se negaron a practicarle el aborto. Se olvidan de una regla fundamental: que la moral es personal y a cada uno obliga, y que la ley es general y a todos obliga. Eso no lo digo yo, lo dice santo Tomás de Aquino.

Así como Católicas por el Derecho a Decidir, otros reconocen a la mujer su igualdad ante la ley. Don José María Hernández, digno obispo de la diócesis de Nezahualcóyotl, sostiene en *El Sol de México* del 2 de marzo de 2000:

Hoy, cuando la mujer es concebida más que nunca como objeto de placer y no como sujeto de amor; cuando la sociedad de consumo pretende encontrarla en un exhibidor como una mercancía de moda, cuando parece alcanzar un estatus laboral que nunca acaba de llegar, cuando se pregona su igualdad frente al hombre pero se sobrestiman otras definiciones sexuales, es necesario dar testimonio del auténtico valor de ser mujer.

CASA PEPITO

Nos preguntamos por los miles de niños abandonados en México y la vida potencial de los miles de bebés tirados en la basura. En la frontera todo se agudiza y el tema de la violación se vuelve abismal. Provida debería pensar en una noticia de *Novedades* del viernes 27 de abril de 2000. En Agua Prieta, Sonora, una casa hogar, Casa Pepito, se ha convertido en un orfanato para niños mexicanos abandonados por sus padres en su éxodo ilegal hacia el norte, aunque su directora, Rosa Isela Acosta, prefiere considerarlo un "hogar temporal" y se pregunta: "¿Por qué las madres no vienen a buscarlos?".

La mayoría de los niños que han pasado por sus dormitorios en los últimos dos años fueron dejados por sus padres antes de cruzar la frontera con Estados Unidos o se perdieron en el intento de cruce. Otros niños trataron de atravesar solos y fracasaron.

Rosa Isela Acosta comprende las necesidades económicas de las familias que se van al norte, pero no entiende cómo un padre o una madre abandona a sus hijos en aras de lograr una vida mejor para ellos: "Es mejor comer juntos aunque sean tortillas y frijoles".

El cruce fronterizo entre Agua Prieta y Douglas, Arizona, es el de mayor tránsito de indocumentados a Estados Unidos. Docenas de hoteles y casas de huéspedes se han levantado para albergarlos. La delincuencia aumenta y los servicios sociales apenas si se dan abasto. Casa Pepito, inaugurada en 1998, se encuentra junto a una carretera de grava oculta tras un muro de seis metros de altura, a cinco kilómetros del cruce fronterizo. Un guardia vigila la reja de entrada y cinco empleados, entre ellos un cocinero y una recamarera, se turnan para atender el hogar día y noche. El asilo alberga a treinta niños que oscilan entre las tres semanas de nacidos y los quince años. Veintiocho niños han sido adoptados. Las paredes están decoradas con fotos de niños de Casa Pepito acompañadas de sus nombres y datos. Entre ellos figuran Mario de tres y Christian de cinco años, hijos de una "coyota", que llegaron en enero de 1999. Un vecino los encontró abandonados en una casucha de Agua Prieta. Al cabo de un tiempo, su madre fue localizada en la cárcel, acusada de tráfico de inmigrantes. Otro niño, Agustín, fue llevado a Casa Pepito a las dos semanas de nacido; Estefani, al mes. El primero lleva allí siete meses y la segunda, año y medio. Según Rosa Isela Acosta, familiares de ambos niños trataron de venderlos y fracasaron. Con el tiempo, algunos de los niños son adoptados por estadounidenses o mexicanos.

¿Son niños felices y que aman la vida? Habría que preguntárselo a Provida.

"El de Paulina —dice Federico García Estrada— es un caso de violación obvia e inobjetable de derechos humanos… No hay escapatoria […], en los derechos humanos hay casos difíciles y casos trágicos. Éste es trágico".

La joven Liliana Plumeda califica como "retroceso histórico" la violación a los derechos humanos de la que fue víctima Paulina. Que un criminal viole es un problema serio que cuestiona la estructura social desde sus bases, pero que las instituciones no reconozcan los derechos del individuo resulta aún más escandaloso. Paulina y su familia confiaron en las autoridades demandando el aborto. Tanto en el Código Federal de Baja California como en el de cada uno de los treinta y dos estados del país, el aborto por violación es legal. Se toparon con engaños, mentiras y chantajes.

"Este relativismo moral atenta y no respeta la autonomía de los seres humanos —dice Liliana Plumeda—. Si deciden practicarse un aborto, las mujeres ricas lo hacen con facilidad y más en ciudades fronterizas, mientras que las pobres deben recurrir a abortos clandestinos que ponen su salud en peligro y sólo benefician a quienes los practican, ya que el aborto clandestino genera una fructífera economía subterránea".

EL ABORTO ES DECISIÓN DE LA MUJER: MARTA LAMAS

Jorge Alberto Cornejo, en *La Jornada* del 25 de abril de 2000, reporta que el obispo de Tijuana, Rafael Romo Muñoz, pidió que sea reformado el marco legal vigente en Baja California para prohibir el aborto bajo cualquier circunstancia y que el gobierno del estado establezca el compromiso legal de velar por la seguridad y la educación de los niños que pudieran nacer producto de una violación.

Si es así, al rato ya no cabrán más cabrones en México. El obispo de Tijuana coincide plenamente con el procurador Juan Manuel Salazar Pimentel, quien buscó a Paulina para convencerla de renunciar al aborto. El párroco les comunicó que era pecado matar a un ser que ya vivía y que si se practicaba el aborto, la Iglesia las excomulgaría.

La feminista Marta Lamas afirma que el aborto es un problema de la mujer y no de gobierno, Iglesia o partidos.

Cambiar la ley, hacerla más flexible y expedita no significa estar promoviendo el aborto.

"¿Quién decide sobre el cuerpo de la mujer? ¿El gobierno? ¿La Iglesia? ¿Los diputados? ¿Los médicos? ¿El sacerdote? La tendencia mundial es que cada mujer, en la intimidad, tome su decisión. Dentro de pocos años, las mujeres podrán abortar en su casa tomándose una pastilla.

"Para allá vamos, a pesar de la resistencia de la Iglesia católica", confirma Marta Lamas.

Curiosamente, un diputado panista, Rubén Fernández Aceves, coincide con Marta Lamas en el semanario *Mayor* el 24 de mayo de 2000:

> Dos pastillitas con un vaso de agua, en medio de la declaración de la mujer violada, son suficientes para evitar la posibilidad de que exista un embarazo no deseado. Para evitarlo, no para interrumpirlo. Y al evitarse el embarazo no deseado, producto de una violación, se evita el aborto y el debate sobre el tema, que igual salpica al gobernador que a los médicos del Hospital General de Mexicali o a la flamante agencia "changarro" especializada en delitos sexuales.

LA DEFENSA DEL ESTADO LAICO

En México, la única opción que tenemos es la defensa del Estado laico. México es un país plural en el que coexisten varias religiones y el número de laicos es cada vez más numeroso. Nuestro Estado garantiza la existencia de todas las creencias religiosas. ¿Puede la jerarquía católica conferirse la representatividad absoluta de la sociedad mexicana? El respeto a la libertad de creencias consagrado en la Constitución se extiende a la sexualidad y la reproducción incluyendo el aborto. La decisión de tener todos los hijos que se desee de manera libre e informada está garantizada por el artículo 40 constitucional.

¿De qué democracia estamos hablando, si las mexicanas según su clase social y el estado en el que viven tienen distinto acceso a la salud pública?

El grado de injusticia social contra las mujeres más pobres de nuestra sociedad es enorme. Son ellas las que tienen menos información y arriesgan su vida. Dice Marta Lamas que a una "chava clasemediera" no le hubiera pasado lo que a Paulina, porque la habrían llevado a San Diego y aborta en media hora.

GIRE, Católicas por el Derecho a Decidir y otras organizaciones feministas han defendido siempre la idea de aumentar los servicios de salud reproductiva y difundir la información sobre derechos y salud sexuales y reproductivos. Católicas por el Derecho a Decidir tiene una actuación admirable. En 1987, en el Cuarto Encuentro Feminista Latinoamericano y del Caribe, en Taxco, Guerrero, fue fundamental su apoyo cuando acordó continuar la lucha por la despenalización del aborto y desmitificar la culpa, que por haberse practicado alguno, supuestamente debían sentir millones de mujeres cristianas.

"LAS REGLAS DE LA VIDA" Y JOHN IRVING

Según el escritor norteamericano John Irving, crítico del fanatismo del movimiento Provida, cuya novela *Los príncipes de Maine* se transformó en la película *The Cider House Rules* (*Las normas de la casa de la sidra*), que él mismo convirtió en guion de película sobre el aborto, y en México se exhibió como *Las reglas de la vida*, causó una honda impresión. La película enseña que el aborto puede practicarse sin mayores consecuencias.

John Irving hizo un reconocimiento público de la ayuda que recibió de la Planned Parenthood Federation of America y de la National Abortion and Reproductive Rights Action League, dos de las organizaciones que protegen el aborto en Estados Unidos y en el resto del mundo. "Lo que subyace en el mensaje del derecho a la vida forma parte del puritanismo sexual básico de Estados Unidos", dice John Irving. Sus partidarios creen que lo que ellos perciben como promiscuidad debería recibir un castigo. Las chicas que quedan embarazadas deberían pagar su culpa.

Esta manera de pensar es más invasora que muchas otras invasiones de la intimidad. ¿Hay algo que requiera mayor intimidad que la decisión de tener o no un hijo? ¿No debe primar el sentido común en semejante decisión? (Si no apruebas el aborto, no te sometas a él: si no quieres tener un hijo, aborta.)

Según John Irving, en Estados Unidos, aunque el procedimiento OB GYN (aborto médico) es muy fácil, tanto que hasta podría hacerlo un chimpancé, éste no se enseña en las escuelas de medicina. Estados Unidos cuenta con más de cuatro mil jóvenes estudiantes y residentes de medicina denominados "Estudiantes de Medicina en Favor de la Elección". Si sólo la cuarta parte lo practicara, salvarían a muchas mujeres.

A una señora que le reclamó a John Irving por criticar a Provida, el escritor le contestó como su personaje, el doctor Large, de la novela *Los príncipes de Maine*: "Si espera usted que la gente sea responsable de sus hijos, tiene que concederles el derecho a decidir si quieren o no tener hijos".

Hasta aquí John Irving.

Paulina, doble víctima, tiene ahora dos vidas: la suya y la de su maternidad no deseada.

¿Cómo la auxiliarán ahora los defensores de la vida? Sólo me quedo con una certeza, la de que las verdades absolutas no existen y de que lo primero que hay que hacer cuando se acerca un fundamentalista es echarse a correr.

En los días siguientes a la difusión de "El caso Paulina", la prensa, la radio y la televisión del Distrito Federal se volcaron en opiniones, una de ellas, la del expresidente Vicente Fox. En el noticiero *Séptimo día*, que conducían Ciro Gómez Leyva y Denise Maerker en el Canal 40, Fox respondió: "A la mera hora esa chica está enamorada de su hijo. Así es, me consta. Yo soy padre de cuatro hijos adoptivos y conozco miles de casos, porque soy presidente de una casa cuna, donde muchas mujeres en principio decidían abortar y después de tratar el caso con especialistas, reflexionan y quedan enamoradas de sus hijos. Pero, además, salvamos una vida, una vida que está en el vientre de una madre. Yo creo en la vida desde el momento de su concepción".

A la pregunta: "¿Hicieron bien las autoridades de Mexicali?", la respuesta de Fox, siempre contradictorio, es de una irresponsabilidad absoluta: "No conozco el caso, pero te puedo hablar también de los *table dance*, las minifaldas y los desnudos; serán como el pozole, como los bailes folclóricos y los trajes regionales en el sexenio de Luis Echeverría, en el que todos nos sentamos en equipales a sorber nuestra agua de jamaica. No voy a intervenir en las conciencias de nadie".

¿Qué tienen que ver los *table dance* y las minifaldas con la tragedia de Paulina? Eso sólo Fox lo sabe. Como lo dice bien Denise Dresser, "el liberalismo panista condena la violencia en las calles, pero hace poco por condenar la violencia en las camas".

Niñas violadas, ¡a dar a luz en Los Pinos!

En la revista *Proceso* del 30 de abril de 2000, Carlos Monsiváis, escribe: "Si mi tía tuviera ruedas, convertiría a Los Pinos en un gran establo donde todas las niñas violadas darían a luz al mismo tiempo".

Monsiváis vuelve a indignarse en "Por mi madre bohemios" de *La Jornada* del 24 de abril de 2000:

Para ser el Almacén General del Depósito del Voto Útil, Fox es levemente olvidadizo. Para empezar, Paulina y su madre exigieron la operación en atención a las leyes vigentes en Baja California, muy específicas en lo tocante a violación. No fue nada clandestino. Luego, la protesta en torno al caso no va en contra de los sentimientos maternales de Paulina, sino de la violación descarada de la ley de unos médicos y unos funcionarios panistas. En tercer lugar, algo muy concreto, Fox, el Tesorero del Voto Útil (para los clubes de fans de las contradicciones), ha declarado, no una, sino varias veces (con portada en *Proceso*, por ejemplo) que está de acuerdo con la práctica del aborto autorizada por la ley en caso de violación. Pero claro, nadie discute su derecho a contradecirse, porque nadie cree en la memoria.

El 10 de abril de 2000, en *The New York Times*, Julia Preston publicó: "La violación de una adolescente mexicana revive la discusión sobre el aborto":

> La conducción del caso de Paulina estuvo dominada por las preferencias éticas de los funcionarios involucrados", dijo Antonio García Sánchez, de Derechos Humanos, quien exigió al Estado que creara un fondo a largo plazo para cuidar de Paulina y del niño.
>
> El gobernador panista, Alejandro González Alcocer, rechazó el dictamen de una corte sobre la base de que la familia nunca había presentado una denuncia formal. Funcionarios estatales han ofrecido ayuda a Paulina sólo si entrega al bebé para su adopción, algo a lo que su familia se muestra renuente.
>
> Según las leyes de Baja California, Paulina, como víctima de violación, podía haberse sometido legalmente a un aborto en el curso del primer trimestre de su embarazo. En 1998, los grupos opuestos al aborto, con el apoyo del PAN, realizaron una campaña para prohibir todos los abortos y especificar que la vida comienza con la concepción. La legislatura estatal, sin embargo, no aprobó la medida.

Como lo dijo Jaime Sánchez Susarrey en *Reforma*, el 5 de abril de 2000:

> En el caso del PAN lo sucedido en Baja California es particularmente preocupante porque en los hechos equivale a operar como si el derecho a la vida hubiese sido elevado a rango constitucional. Pero como todo mundo sabe, o debería saber, la confusión de los espacios de la moral pública con la privada es un rasgo propio de una mentalidad conservadora y premoderna. Quien quiere

imponer una moral particular al resto de la población atenta contra uno de los principios esenciales del Estado laico y contra uno de los derechos humanos elementales, que establece la libertad de profesar la fe (y los principios) que a cada ciudadano convengan. De ahí que los actos reiterados de cerrar *table dances* o de oponerse a los programas de educación sexual en las escuelas resulten no sólo absurdos, sino además contraproducentes porque les quitan, a los panistas, la simpatía de los ciudadanos que no ven con buenos ojos la intromisión de la autoridad en ámbitos que no son de su competencia.

A nombre de su moral y su muy particular visión del mundo, el PAN, con su gobernador Alejandro González Alcocer a la cabeza, tiene en su haber, primero, en Mexicali, el caso de una niña de trece años, Paulina, a quien finalmente se le negó un aborto legal en 1999 y, segundo, en Ciudad Juárez, una gran parte de los asesinatos de mujeres, cometidos de 1993 hasta la fecha, años del PAN.

Vicente Fox propuso, como lo vimos en el Canal 40, que todas las niñas violadas den a luz, ya que él, presidente de una casa cuna, se responsabilizará tanto de madres-niñas como de hijos de la violación, puesto que él es padre de cuatro hijos adoptivos.

También dentro del PAN hay honrosas excepciones. Tanto el panista Santiago Creel como el dirigente del PAN capitalino, José Luis Luege Tamargo, hicieron público su desacuerdo con la presión psicológica y el fanatismo religioso que ejerció Provida contra la menor Paulina del Carmen Ramírez Jacinto.

Santiago Creel afirmó que Provida debe evitar presiones psicológicas: "El decidir abortar, en este caso, es responsabilidad de la niña y de los padres, la ley es suficientemente clara. En casos como ése, las personas pueden hacer uso de los derechos que les consagra la Constitución a todos los mexicanos y el gobierno debe dar la garantía de que esos derechos se ejerciten… Se trata de un caso verdaderamente lamentable y muy triste, pues estamos hablando de un acto de violación en una menor, que va a tener consecuencias para muchos años en la vida de la niña.

Tenemos que ser prudentes si así lo establece la legislación. Las personas afectadas están en condición de ejercitar sus derechos. Ellos son quienes deben decidir".

Jose Luis Luege Tamargo declaró: "Nosotros hemos reiterado que el aborto por violación está permitido por la ley, y consideramos que así como está debe quedarse; es decir, una mujer violada está en su derecho de practicarse un aborto".

Por otro lado, Tere Vale se pronunció abiertamente por la legalización y reglamentación del aborto en una conferencia en el Tecnológico de Monterrey, campus Ciudad de México, porque, según ella, el aborto es una realidad que se vive en la capital y no se puede seguir ocultando ni haciendo en la clandestinidad.

En el debate entre los candidatos a la presidencia del martes 25 de abril de 1999, Gilberto Rincón Gallardo dijo muy bien:

> Rechazamos la intolerancia que ha crecido en México con el beneplácito de partidos como el PRI y el PAN. No podemos aceptar que queden impunes asesinatos de homosexuales como los ocurridos en Chiapas, la violación y asesinato de mujeres en Ciudad Juárez y la perversidad del encarcelamiento de campesinos que defienden su bosque en Guerrero, no podemos aceptar un país en donde el gobierno de Baja California obliga, por encima de la ley, a una niña de trece años a continuar un embarazo producto de una violación. No podemos aceptar que un solo grupo, utilizando la fuerza del gobierno, imponga su moral y su visión del mundo a todos los ciudadanos.

LIBERTAD INDIVIDUAL Y RESPONSABILIDAD SOCIAL

Luis Villoro se sorprende de que algunos quieran imponerle su criterio a otros, porque él no podría infligirle a nadie su juicio personal: "Una postura ética implica respetar la autonomía de cada ciudadano para decidir sobre su vida".

Dijo María Teresa Priego en "Se llama Paulina y ya había elegido", en la revista *Milenio* el 31 de marzo de 2000:

¿En qué creencias se sostiene esa vida desde la concepción que, en el caso de Paulina, se traduce en crónica del abuso insoportable? Las connotaciones de la palabra "vida desde la concepción", en este caso, no pueden separarse de un discurso que persigue y condena el ejercicio de la sexualidad y es incapaz de concebir el erotismo como deseo humano independiente de la reproducción. Defender a ultranza el derecho del óvulo fecundado a la continuación del proceso que lo convertiría en un preembrión —ignorando el deseo y las circunstancias de la mujer implicada—, después en embrión, más tarde en feto y posteriormente en bebé, no es de ninguna manera defender el absoluto de la vida, sino los valores, creencias e intereses de la actual jerarquía católica.

Aun reconociendo que el aborto es un hecho sangriento y doloroso, como lo dice Villoro, la ausencia de un criterio único que determine el origen de la vida nos obliga a dejarle esa decisión a cada quien: despenalizar el aborto no implica justificarlo, menos fomentarlo. Implica sólo respetar la autonomía de cada ciudadano para decidir sobre su vida, respetar tanto a quien juzga que el aborto es un crimen como a quien juzga lo contrario.

Estaba en todo su derecho: Enrique Maza

En "Las lecciones del caso Paulina", en el semanario *Zeta* de Tijuana, Baja California, del 28 de abril al 4 de mayo, Enrique Maza escribe:

Con respecto al aborto sólo hay un asunto que se debe discutir, si es o no el asesinato de un ser humano: si es asesinato, el aborto es inmoral. Si no es asesinato, el aborto es legítimo.

Para que se dictamine un asesinato, es necesario que haya y que conste un cadáver humano. En consecuencia, el asunto que debe discutirse es si el conjunto de células que se extraen o se arrojan en un aborto, o el contenido del proceso biológico que se interrumpe, es o no es un ser humano, y en qué momento y por qué el feto se convierte en persona; es decir, cuál es el constitutivo esencial de la persona humana, qué hace que un feto se vuelva persona, en qué consiste ser persona, qué hace que un ser humano sea un ser humano.

Éste es el punto clave. Si esto no se dilucida, no hay manera de saber si el aborto es asesinato. Pero no hay manera de dilucidarlo. Nadie tiene la respuesta y todos la tienen, es decir, hay muchas teorías al respecto, pero no hay una certeza. La respuesta depende de cada escuela o teoría filosófica, de cada escuela psicológica, antropológica, sociológica, teológica, bíblica, hermenéutica.

A mi juicio hay dos respuestas fundamentales: la primera concibe al ser humano como cuerpo y alma, dos componentes distintos y separables: uno corporal y efímero, concebido y gestado por varón y mujer. Otro espiritual e inmortal, llamado alma, creado directamente por Dios e infundido en el óvulo en el momento mismo de la concepción.

La segunda concibe al ser humano a partir de sus facultades superiores, inteligencia y amor, que se unen y traducen en su capacidad de relación (relaciones intelectuales, humanas y amorosas). Ésta parece ser, a juicio de hermenéuticas importantes, la concepción bíblica del hombre. El componente específico que constituye al ser humano es la relación. Según esta interpretación, la Biblia no sólo no conoce el alma, sino que no acepta la constitución del hombre en dos partes separables [...] En este caso, dado que no hay alma, la relación depende del cuerpo. Por tanto, no puede haber capacidad de relación mientras no se formen y se establezcan en el feto las relaciones de las células cerebrales [...] Estas relaciones se forman entre el quinto y el sexto mes del embarazo [...] Hasta entonces puede hablarse de un ser humano, de que ya hay en el vientre materno una vida específicamente humana. Antes, sólo hay un proceso celular o biológico.

Si las dos teorías son válidas —no conozco ninguna prueba apodíctica en contrario— hay que sacar algunas consecuencias:

El Estado, al legalizar determinadas causales legítimas de aborto, desecha la primera teoría. Si el aborto es un asesinato, no puede haber causales legítimas de asesinato. Si las hay, el aborto no es asesinato. El Estado mexicano ha tomado partido: el aborto no es asesinato de un ser humano y es permisible en determinadas circunstancias. Uno se pregunta: ¿por qué no es permisible mientras no conste que el feto ya es un ser humano, es decir, hasta el quinto o sexto mes? Ahí hay una incongruencia o un compromiso político, posiblemente para no ofender al Papa, a los obispos y a la mayoría católica. Es necesaria y moralmente obligatoria la tolerancia de quienes piensan distinto que uno. Tanto de los que aceptan el aborto para con aquellos que no lo aceptan, como de los que no lo aceptan para con aquellos que sí lo aceptan. Son necesarias la madurez, la apertura y la humildad, para no querer imponer la propia conciencia a los demás en ninguna de las dos direcciones.

En el caso de Paulina, la niña violada en Mexicali, estaba en todo su derecho de abortar al producto de una violación. El director del hospital y los médicos tenían la obligación legal de practicar el aborto. Violaron la ley, violaron el derecho legal de una persona y causaron a la niña un daño de magnitud y de por vida.

El gobierno del estado, sin importar sus creencias particulares, no debe asignar a los hospitales públicos a personas que no están dispuestas a cumplir la ley, al margen de sus conciencias individuales. Nadie puede imponer su conciencia a los demás. El gobierno no gobierna solamente para los católicos y no puede imponer una ley católica a la conciencia de todos sus "súbditos".

En una nación plural, como la nuestra, en la que coexisten tantas religiones, creencias, culturas, etnias, lenguas, tipos de educación y normas de vida, el único terreno común de armonía social y de subsistencia ordenada es la ley, y eso fue lo que se violó y se rompió en este caso.

En Francia y en Italia, países de tradición católica, muchos hospitales realizan abortos. Con esto, como dice Enrique Maza, la sociedad consigue representar legalmente a todos los individuos y no sólo a algunos.

El viernes 13 de abril, en Mexicali, en la Clínica Independencia, Paulina dio a luz, por cesárea, a Isaac, a las 21:37 horas. Provida pagó el parto y los honorarios del ginecobstetra César Hernández Elenes: ocho mil pesos. Las fotos de Paulina tapándose la cara confirman su estado de ánimo y el abatimiento de su familia. Provida debería examinarlas con cuidado.

La dirigente de Provida en Mexicali, Marcela Vaquera, se sintió rechazada por la familia de Paulina. La madre, María Elena, creyó que Provida quería ayudar de buena fe y recibió los ocho mil pesos, pero Provida publicó un desplegado diciendo que le habían dado cien mil pesos. "¿Por qué mienten? Si yo ahora acepto su ayuda quién sabe qué irán a decir mañana".

En la entrevista en el semanario *Mayor*, de Mexicali, Paulina culpa a Provida y afirma que se dio cuenta de que todo lo que hacían era para forzarla a tener un bebé que no tenía por qué traer al mundo. "Mienten quienes dicen que desistí de abortar, lo aceptamos sólo cuando los médicos nos asustaron, cuando me dijeron que iba a morirme de una hemorragia. Me eché para atrás porque ellos nos metieron miedo".

Aunque Provida se comprometió a la manutención de Isaac, hasta la fecha Paulina ha recibido (además del pago del parto) unas cuantas latas de leche y el ofrecimiento de una beca para estudiar Relaciones Internacionales en una universidad católica, ya que ella manifestó el deseo de ser abogada.

DEL GOBIERNO, NADA

El 18 de mayo, Paulina y su abogada Socorro Maya se presentaron en el Congreso del Estado para exigir el fideicomiso y la diputada

Olivia Villalaz Becerra sugirió al pleno que cada uno diera mil pesos para entregárselos a la menor. Los legisladores no aceptaron y propusieron buscar recursos especiales para formar el fideicomiso.

Asimismo, Olivia hizo un llamado a "salir a las calles a hacer sentir la fuerza de las ideas progresistas y libertarias que han prevalecido a lo largo de la historia del país".

El rechazo al fideicomiso "porque al rato van a querer que el gobierno mantenga a todos los hijos de las violaciones", como dijo Cervantes Govea, "es una postura ruin y mezquina que refleja una visión caciquil del gobierno panista —señaló Olivia a *La Voz de la Frontera*, el 1 de mayo de 2000—. Demuestra que los panistas están gobernando la entidad como si fuéramos un estado conservador y retrógrado. No es posible que se agravie así a la Constitución".

Socorro Maya declaró que evitará que se congele el caso y demandará al procurador de Tijuana, Juan Manuel Salazar Pimentel, quien llevó a Paulina en su automóvil con un sacerdote para persuadirla de que no abortara. En las autoridades recae la culpabilidad de este atropello a las garantías de Paulina.

Germán Dehesa, en su columna "La Gaceta del Ángel" de *Reforma*, el 12 de abril de 2000, expresa su desconcierto ante la imagen del gobernador González Alcocer en el televisor:

Con cara de perfecta inocencia y enjuagándose la boca con algo que llamó ética personal, que le sirvió para otorgarse la absolución inmediata y para hacerla extensiva a todos aquellos que fueron parte de un atropello que no sólo incluye a una mujer, sino a eso que llamamos Estado de derecho. A mi juicio, Paulina ha sido víctima de múltiples violaciones. Enumero algunas: la física, la moral, la psicológica, la emocional, la legal. La primera corrió a cargo de un miserable; de las demás son responsables unos cómodos fanáticos que lucran con los prejuicios y que todavía no se enteran en qué año y bajo qué Constitución están viviendo; unos cuantos funcionarios médicos y funcionarios políticos que dan por no recibido el mensaje legal y fundamentado que reciben y una sociedad que prefiere no meterse en problemas (hasta que los problemas la alcancen a ella). Me imagino (espero) que el conflicto no termine aquí. Por lo pronto, en Nuevo León los panistas se aprestan a echarle más lumbre al fuego con su legislación sobre el derecho a la vida. Me queda una pregunta: ¿qué opinarán sobre esto las cada vez más lúcidas mujeres (y un buen número de hombres) de este país?

La presidenta del grupo feminista Alaíde Foppa, Silvia Reséndiz Flores, informó que interpuso una denuncia por los delitos de abuso de autoridad, infidelidad de custodia de documentos, coalición de servidores públicos y tortura, en representación de la familia.

Silvia y otros miembros del Alaíde Foppa y DIVERSA pusieron al gobernador en aprietos al llevar al desfile del 1 de mayo mantas y pancartas que exigían la renuncia del procurador: "El gobierno se ensañó con Paulina por ser pobre y mujer". "La farsa sigue, más pobres los pobres y más ricos los ricos". Otra de las mantas clamaba: "Apoyo a la recomendación 2/2000 de la Procuraduría de Derechos Humanos, la de la ayuda económica para Paulina y su hijo". Cientos de personas demandaron justicia para Paulina; llovieron las protestas, y los funcionarios tuvieron que aguantar los reclamos.

Las corrientes ultraconservadoras del PAN se portan en forma enfermiza, quisieran tener a la mujer relegada en un torreón medieval, volvió a decir Olivia Villalaz.

SER MUJER EN ESTE MUNDO

En México, entre 850 000 y un millón de mexicanas abortan voluntariamente cada año de manera ilegal. Ninguna va a la cárcel, como lo estipula la ley. ¿De qué sirve una ley que no se cumple y que, al mismo tiempo, impide una reglamentación humanitaria?

Hay abortos porque hay embarazos no planeados. Son varias las causas:

- Errores humanos (olvidos, irresponsabilidades).
- Fallas del método anticonceptivo.

- Violencia (violación dentro y fuera del matrimonio).
- Ignorancia.

Cuando una mujer se da cuenta de que está embarazada sin haberlo planeado, tiene tres caminos:

1. Reconciliarse con la idea de tener un hijo y llevar a término su embarazo.
2. No desear tener un hijo, pero ser incapaz de abortar (por razones religiosas, de salud o de tiempo del embarazo) y llevar a término ese embarazo para darlo en adopción.
3. Interrumpir el embarazo lo más pronto posible.

Si las mujeres contaran con el apoyo material del Estado y la sociedad para enfrentar un embarazo no deseado, probablemente muchas optarían por continuar el embarazo, pero esa decisión implica un ajuste personal y familiar brutal, con graves consecuencias económicas y psicológicas, que no todas las mujeres ni todas las familias pueden asumir. ¿Qué hacer ante la ausencia de un Estado y de una sociedad que garanticen la atención indispensable y amorosa de los hijos no deseados?

¿Cómo legislar en un asunto crucial como el aborto, donde existen posturas irreconciliables? ¿Por qué en los países más adelantados en derechos humanos, la mayoría de las democracias occidentales, tienen legalizado el aborto? ¿Por qué países como Italia, España y Francia, que son católicos como el nuestro, han modernizado las leyes del aborto y lo permiten por voluntad de la mujer, por razones psicológicas y económicas? En esos países la mujer es la que toma la decisión de un aborto.

UNA MORAL DISTINTA PARA RICOS Y POBRES: ARNOLDO KRAUS

La moral es un gran invento humano, plagado de espinas, dice Arnoldo Kraus, y tiene razón porque pretendemos elevar nuestras creencias a principios universales y de allí vienen la intolerancia, las guerras, el fracaso de las relaciones humanas:

1. Mujer.
2. Menor de edad.
3. Oaxaqueña.
4. La pobreza como destino manifiesto (Arnoldo Kraus *dixit*).
5. Perteneciente al grupo de los sin voz.
6. Paulina, antes anónima, ahora noticia.
7. Niña y ahora, después de la violación, señora.
8. Embarazada, condenada, manipulada.
9. Sujeta a las presiones de Provida.
10. Alaíde Foppa, GIRE y DIVERSA, Católicas por el Derecho a Decidir, Red de Mujeres de Baja California (grupos feministas de Tijuana, Ensenada, Mexicali y Tecate), la otra cara de la moneda.

Según el doctor Arnoldo Kraus, "desde la violación hasta la cesárea, el periplo de Paulina es ejemplo de que la moral se aplica en forma distinta para ricos y pobres. Es imposible encontrar un caso en el cual la indicación para provocar un aborto humano sea más clara que en el de esta joven. Salvo que se hubiese demostrado la transmisión del sida al producto o a la madre durante la transgresión, es difícil pensar en un escenario más dramático. Incluso, en circunstancias como la descrita, el Código Penal avala el legrado en el artículo 126, fracción 11 que establece que el aborto no es punible cuando el embarazo sea resultado de violación".

En *La Crónica* de Mexicali, el 9 de abril de 2000, el pedagogo Alfonso Lizárraga Bernal exige:

1. Pago del daño moral.
2. Castigo a los funcionarios del hospital aliados cómplices del grupo Provida.
3. Crear un fideicomiso para garantizar la supervivencia del niño por nacer y ofrecerle una vida digna (salud, educación y vivienda).

4. Pago de los gastos realizados por la familia durante el embarazo.
5. Cursos de ética médica, derechos humanos y valores, dirigidos al personal del hospital.

El PAN en el ejercicio del poder actúa con una intolerancia similar a la del Opus Dei, pasa por encima de la ley, transgrede los derechos ciudadanos, impone su ideología y remata su actuar con una negativa advirtiéndose su hipocresía. Al menos tendría que reparar el daño de por vida provocado a Paulina concediendo los cinco puntos.

María del Consuelo Mejía, dirigente de Católicas por el Derecho a Decidir, declaró a *La Jornada* el 20 de marzo de 2000 que lo sucedido en Mexicali debe llamar a la reflexión, porque es un indicio de que en nuestro país es necesario reafirmar el carácter laico del Estado para evitar que grupos conservadores en el poder modifiquen las políticas públicas atendiendo a sus intereses personales.

LA IGLESIA: NO AL ABORTO

El cardenal Norberto Rivera Carrera, en una homilía en la Catedral el 4 de mayo, dijo que ningún producto de una violación merece la muerte: "Un niño en el seno de la madre no se puede defender, ni siquiera su grito se oye". Hizo un alegato en favor de la familia: "La Iglesia está convencida de que en la familia se fragua el futuro de la humanidad y es donde se pueden concretar los verdaderos valores evangélicos".

¿Sabrá el cardenal que el aborto inducido representa la cuarta causa de muerte materna en nuestro país? ¿Por fin qué, la vida o la muerte?

Católicas por el Derecho a Decidir opinó que los ataques al sexo seguro, esgrimidos por Rivera Carrera, constituyen una actitud inhumana y de falta de respeto a las personas que responsablemente ejercen su sexualidad, pero que además son creyentes de la fe católica. María del Consuelo Mejía recordó que el sexo seguro (condón) protege de enfermedades de transmisión sexual, de embarazos no deseados e incluso de abortos.

El presidente de la Conferencia del Episcopado Mexicano, Luis Morales Reyes, según el corresponsal de *La Jornada* en Monterrey, David Carrizales, informó que el clero católico entregará al Congreso de la Unión miles de firmas en los templos de todo el país, para que eleve a rango constitucional el derecho a la vida desde la concepción hasta la fase terminal.

"Considero, como obispo, que el respeto a la vida debe darse irrestrictamente. La Iglesia vota por la vida, la Iglesia veta la cultura de la muerte, defiende la vida desde su concepción hasta la fase terminal, y no es porque así lo haya decidido sino porque es un derecho natural".

En el caso del hijo de Paulina, a quien las autoridades de Baja California le impidieron abortar, dijo que "si el niño es fruto de una violación, ¿por qué asesinarlo?, ¿por qué matarlo? ¿Por qué no pedir mejor la pena de muerte para el violador, en lugar de pedirla para el producto de la violación?".

Morales Reyes agregó: "Estamos aquí en la línea de Juan Pablo II: no por violación ni fruto de una violación realmente del esposo hacia la esposa. Ahí sí, aunque la Iglesia sea muy criticada, pero la vida es la vida inmediatamente después que es fecundado el óvulo femenino". Morales sostiene que desde ese momento hay un ser humano independiente de la madre. El obispo de la diócesis de Tijuana, Rafael Romo Muñoz, afirmó que si nadie quería al niño se lo entregaran a él.

LOS CAMBIOS DE PAULINA

Habla Socorro Maya: "Una de las gratificaciones más importantes de la abogacía es ver cómo la gente reacciona. He sido testigo de los cambios de Paulina y de su familia, y me enorgullecen. Ahora Paulina, antes callada y sumisa, se ha afirmado y quiere combatir. Cuando nació el bebé, no hablaba más que para decir: 'Tengo frío'. Si le preguntábamos algo movía la cabeza negativamente o respondía con monosílabos, como bloqueada, paralizada. En realidad, así se mantuvo durante el embarazo: embotada. No era para menos. No amamantó al bebé, en realidad ni ella ni María Elena lo quisieron. '¿Cómo vas a ir a la escuela con la leche escurriendo?', le dijo su madre. Tampoco ha vuelto a la escuela.

"Por lo pronto ambas están preocupadas porque no le queda su uniforme de secundaria. El *zipper* se le atora a la mitad de la espalda. La mamá le da tés de hierbas que se acostumbran en Oaxaca para adelgazar.

"Al saberse embarazada, Paulina, metida en sí misma, veía su sufrimiento materializarse en ese cuerpo que se inflaba. Para la mayoría de las mujeres, la maternidad es una deformación y para muchas una tortura.

Isabel Vericat alega: "Inevitablemente pienso en *El grito* de Edvard Münch, que para todos simboliza la angustia. ¿Qué más angustia que la de un embarazo no deseado e impuesto? Sostengo: las mujeres no nacemos madres: nos hacemos madres.

"Si el Estado no hace nada por apoyarnos, a pesar de una tragedia como la de Paulina, las mujeres tenemos la capacidad de superarnos, evolucionar y proyectarnos a algo más elevado".

El instinto materno no es un absoluto. Miles de mujeres rechazan a sus hijos, los golpean, los queman, los odian. Un hijo a la fuerza crea conflictos. Quizá los de Paulina surjan dentro de algunos años, pero aunque ame a su hijo no olvidará que fue producto de una violación.

Con la maternidad, la Iglesia fomenta el mito de que somos el instrumento y el vehículo para que una vida venga al mundo, como la Virgen María fue un instrumento de Dios para traer a Jesús a la tierra. Esa idea de que el cuerpo de la mujer es un ánfora por donde pasa la vida hizo que la Iglesia le dijera a Paulina: "Tú no cuentas".

En *Proceso* número 1224 del 16 de abril de 2000, Álvaro Delgado escribe: "La vida de Paulina cambió radicalmente. El daño es irreparable. Hoy su caso es un pleito político, una lucha partidista".

"Después de que nació Isaac —continúa Socorro Maya—, Paulina volvió a pelear con sus hermanos. Ahora hace muchas declaraciones públicas. En el periódico *El Mayor* sentencia: 'No quiero que esto les suceda a otras, por eso voy a pelear'".

Paulina empieza a sacar todo el coraje que tiene.

Se ve a sí misma como era antes del embarazo: "Ahora que ya se me salió ese chamaco sí soy yo".

Hoy mira a su hijo con ternura, pero al principio veía con desprecio a esa cosa que le había salido de adentro.

La madre, María Elena, es quien cuida a Isaac. Socorro Maya se emociona: "El drama de Paulina les ha dado a los Ramírez Jacinto una nueva dignidad. Cuando Silvia y yo tomamos el caso creían que su única salida era resignarse. Su humillación era profunda. Ahora luchan con fortaleza. A la carta de un médico que la felicitaba, Paulina contestó: 'Me da mucho gusto saber que gente que ni me conoce se preocupa por mí'.

"La firmó con su nombre y el de Isaac, su hijo. La firmeza de la familia en pedir el aborto al que tenían derecho fue lo que ayudó. Su aplomo fue definitivo. Exigir justicia, la dignificó. Por todo lo que le ha pasado, Paulina quiere estudiar derecho penal.

"A lo mejor es pretencioso de mi parte, pero siento que la lucha de Silvia Reséndiz y la mía han influido en ella. Silvia también ha sido una inspiración para mí: me enseñó a ser feminista.

"De cada diez cartas que llegan sólo una o dos son en contra de Paulina. La gente no es insensible. Yo no soy quien para juzgar. En lugar de condenarla, los corresponsales opinan que a Paulina debieran dejarla elegir libremente y respetar su individualidad.

"Es maravilloso saber que no estás sola, el problema de mujeres que sufren violencia doméstica es que se lo callan; primero, porque les da vergüenza; segundo, por la familia, y tercero, porque el Estado no las defiende. Sin embargo, las mujeres tenemos la capacidad de superarnos después de una tragedia, de evolucionar y crecer.

"En Mexicali, hay una violencia muy elegante; esposos que atormentan a su mujer sin siquiera tocarla. Todo se lo guardan hasta que un día estallan, quieren divorciarse y entonces buscan el apoyo de grupos como el Alaíde Foppa.

Silvia Reséndiz Flores, excomulgada

A pesar de su fortaleza, a Silvia Reséndiz Flores su excomunión la preocupa no sólo por el mensaje amenazante de la Iglesia católica sino porque a cualquiera le atemorizaría una condena semejante. María del Consuelo Mejía, antropóloga con maestría en Estudios Latinoamericanos y defensora de diversas causas por la justicia social, afirma: "La excomunión no es una decisión de un vicario de Mexicali sino un decreto al que se llega con un estudio serio por razones serias, porque el código del derecho canónigo es serio", y coincide con Silvia Reséndiz al decir que sólo sirve "para que las mujeres sigamos siendo sumisas".

"El obispo de Mexicali, Isidro Guerrero Macías —continúa Silvia Reséndiz—, me pidió que lo fuera a ver (no sé para qué), y me voy a quedar con la duda porque no tengo ningún interés en visitarlo. El vicario de la diócesis, Raúl Enríquez Ramírez, fue quien afirmó que no podía yo ser la madrina de Isaac, el hijo de Paulina".

A pesar de su valentía, para Silvia (de formación católica, como todas nosotras) no debe ser agradable saberse acusada desde el púlpito a la hora de la misa en varias iglesias, y sus amigas, ofendidas, se han dolido al escuchar a los sacerdotes. También su familia se siente lesionada.

La Iglesia le echó encima a Silvia toda su artillería y la sentó en el banquillo de los acusados. Desde que inició su lucha por Paulina, la hostilidad de la Iglesia contra ella no ha cejado. Silvia se mantiene firme: "El ámbito de la salud pública —le dijo a Jesusa Gamboa, subdirectora de *Mayor*— es científico y cuando nos apartamos de la ciencia estamos perdidos porque el aborto es un problema de salud pública que no va a resolverse en el ámbito de la fe. Hago responsables de la muerte de todas las mujeres por abortos mal practicados a esas personas que anteponen su fe religiosa a la ciencia".

EL CASO, UN RETO PARA LAS FEMINISTAS

Al igual que Silvia Reséndiz, Maricarmen Rioseco trabaja desde 1976 por los derechos humanos de la mujer, inspirada en la revista *Fem*. En 1991, ya casada y con hijos, ingresó al grupo Alaíde Foppa: "Nos propusimos, en el caso de Paulina, que ninguna mujer volviera a pasar por lo mismo. Queremos que prevalezca el Estado laico.

"Vemos con grave preocupación que en Baja California estamos retrocediendo históricamente a esa primera mitad del siglo xix, con una Iglesia beligerante, con una gran influencia en el poder político, que le abre espacios en lo civil a una violación de la ley y un atropello a la laicidad. Por ejemplo, un procurador de justicia que lleva ante un sacerdote a una niña y a su madre para que desistan de su derecho al aborto legal, o unos médicos que se niegan a cumplir la ley, o un obispo católico que da lecciones de valores y moral religiosa al personal de la Procuraduría General de Justicia del Estado, o un poder religioso que desde el oscurantismo de la Santa Inquisición excomulga a quienes se atreven a enfrentar al Estado en defensa del derecho vigente. En un Estado laico se tiene una actitud positiva de respeto y tolerancia a todos los credos y maneras de pensar, claramente señalados en el artículo 24 constitucional, que garantiza la libertad de creencias y fomenta la convivencia social.

"Intentamos mover la conciencia de mujeres y hombres contra el riesgo de conservadurismo que avanza en Mexicali.

"Con el apoyo de la Red de Mujeres de la Península de Baja California y de *Milenio Feminista*, logramos abrir la discusión acerca del avance de la ultraderecha en Mexicali, que se debe a la relación entre la jerarquía católica, el gobierno estatal y municipal y la influencia de un periódico muy conservador, filial de *El Imparcial* de Sonora, llamado *La Crónica*, de Mexicali.

"Dar la batalla contra la ultraderecha no es fácil y estos meses han sido de mucha tensión. Personalmente me encargo de las relaciones públicas. Por ejemplo, invité a María Aurora Mota, de *Milenio Feminista*, ya que acordamos organizar visitas de representantes de asociaciones como GEM, SIPAM, GIRE y Católicas por el Derecho a Decidir a Mexicali, y la llevé a la televisora local.

"Durante el noticiero, el obispo felicitó a Paulina por el nacimiento de su hijo y anunció que el Vaticano había nombrado a la catedral de Mexicali 'La catedral de la vida'. Al saber que María Aurora era feminista y pertenecía a Católicas, no le dio la mano. *La Crónica* le dio primera plana a la misa que celebró el obispo en la calle frente a catedral y a María Aurora la sacó en interiores. En Mexicali se rompe diariamente el Estado laico, ya que el obispo da clases de ética a los agentes judiciales, bendice patrullas y edificios públicos, inaugura escuelas y preside la toma de protesta de la Asociación de Padres de Familia, acompañando al presidente municipal y al secretario de Educación Pública del estado.

"Por ser feministas, nos tienen satanizadas. Fui rechazada para continuar siendo consejera ciudadana del Instituto Estatal Electoral, lo mismo que Federico García Estrada fue descartado en la terna para procurador de Derechos Humanos. El caso de Paulina fue la gota que derramó el vaso porque trascendió a nivel nacional e internacional. Fuimos a protestar con pancartas que decían: 'El pueblo observa, el pueblo demandará si ensucian el proceso de Federico para procurador'. 'Diputados, escuchen la voz del pueblo, Federico procurador'. 'Apoyo a Federico García Estrada para procurador de los Derechos Humanos'.

UN ENTIERRO DE ALMAS

Carlos Monsiváis escribe en *La Jornada*, el 2 de mayo de 2000:

La Jornada del 29 de abril de 2000 nos informa de un entierro de almas. El vicario de la diócesis de Mexicali, Raúl Enríquez

Ramírez, exigió la excomunión de los activistas que apoyaron a la menor Paulina, de catorce años de edad, en su deseo de abortar el producto de una violación. El vicario consideró que su actitud atentó contra los principios fundamentales de la Iglesia católica. Éste es el caso, dijo, de la activista Silvia Reséndiz Flores, representante de la organización Alaíde Foppa, que apoyó con asesoramiento legal a la menor y su familia. Por su parte, el gobernador panista Alejandro González Alcocer declaró: Poco ayudan a Paulina y su hijo las campañas orquestadas alrededor de las actividades de proselitismo político.

¿Qué sucede si las activistas no son católicas? ¿Por qué se canjea entonces la excomunión? Si, como sucedió, las activistas actuaron con apego a la ley, ¿se puede excomulgar a la Constitución de Baja California?, y en cuanto a González Alcocer, ¿no será ya tiempo de que enfrente las acciones ilegales a su cargo y se diese cuenta de que no es catequista, sino gobernador?

LAS MENTIRAS DE PROVIDA

En *La Jornada* del 15 de abril de 2000, Mireya Cuéllar escribe la crónica de un plantón de Provida frente a la Secretaría de Gobernación en protesta por la entrega del premio de población de las Naciones Unidas a la Fundación Mexicana para la Planeación Familiar (MEXFAM):

"¡Son unos sádicos, son unos sádicos! ¡Hicieron la 'malobra'!" y después se fueron y hasta que los denunciaron ofrecieron su ayuda", un hombre de mediana edad encaró a Jorge Serrano Limón, dirigente de Provida. La gente que pasaba por Gobernación les gritaba: "¡Están locos! ¡Es el colmo! Se salvó una vida pero perdieron otra. Y así se han perdido muchas gracias a sus mentiras", le reclamaba a Serrano Limón un transeúnte. Una mujer que había participado en el acto que se dio dentro de Gobernación le gritó: "Al limón hay que exprimirlo, por eso está tan agrio". Los mirones que se acercaban a Serrano Limón también lo interrogaban

sobre sus deseos de prohibirlo todo. "No —se excusaba—, nosotros estamos por la sexualidad plena, maravillosa, una ordenación
sexual hacia el matrimonio, el uso responsable del sexo".

—¿Por qué quieren que todos vivan como ustedes? ¿Por
qué no dejan a la gente que viva según su conciencia? ¿Qué
piensa del fascismo?
—No voy a responder cuestiones personales.

No más Paulinas

¿Por qué impactó tanto el caso Paulina a la sociedad mexicana? Primero, porque muestra la vulnerabilidad de una joven-
cita a la que un tipo viola mientras duerme. Segundo, porque
pone en evidencia la fragilidad de nuestro sistema jurídico, la
ley no se cumplió y Paulina acabó pariendo al hijo. Su vida
podría haber sido otra; podría haber elegido al padre del niño,
tenerlo después de haber estudiado o trabajado; la violación por
un heroinómano seguido de un embarazo no deseado la volvió
niña-madre en contra de su voluntad y la de su familia.

∽

FOTOGRAFÍAS DE MARIANA YAMPOLSKY

"La vida la ha calado y dejó pequeños relámpagos de dolor en sus ojos, en su frente, en la comisura de sus labios".

"… vino de Oaxaca hace un año en busca de una vida mejor…".

"Aquellos que aguantan el clima extremoso, los rigores del frío en invierno y el sol cegador en verano, están dispuestos a pagar el precio del triunfo".

"… porque la *Border Patrol* arresta a más de medio millón de hombres y mujeres cada año a lo largo de una de las fronteras más extensas del mundo entre dos países: 3 234 kilómetros, del océano Pacífico al golfo de México".

"Nunca, en ningún estado de la República, he presenciado una defensa tan ardiente de México como la que hacen los jóvenes en las vilipendiadas ciudades fronterizas".

"Once millones de mexicanos emigran porque la patria, esa señora vestida de blanco que alza la bandera tricolor en los libros de texto, no puede alimentarlos".

"En el año 2000, Mexicali sigue siendo un faro para los mexicanos más desesperados...".

"A pesar de que viven mal, estas condiciones adversas les son favorables porque los bajos sueldos estadounidenses representan altos ingresos para los mexicanos".

"Afrontan hasta el peligro de muerte con tal de cambiar de vida".

"Si el gobierno de México invirtiera en generar empleos y fomentara mejores condiciones en el campo, arraigaría a los campesinos".

"No crucen, no lo hagan por favor".

"En las ciudades fronterizas, como Mexicali, se confrontan lo peor y lo mejor de los hombres, lo peor y lo mejor de varias culturas".

"La frontera es una inmensa herida que no tiene curación".

"Dóciles, de trato fácil, delgados, ágiles, pequeños, tanto que hasta parecen adolescentes, los trabajadores mexicanos son fácilmente desechables...".

"En México, entre 850 mil y un millón de mexicanas abortan voluntariamente cada año de manera ilegal".

"… porque la conciencia está por encima de las enseñanzas de
la Iglesia".